MAMÁ, BUSCA ¡EL MARTILLO!

¡Hay una mosca en la cabeza de papá!

BÁRBARA JOHNSON

Autora de los éxitos de librería

*Ponte una flor en el pelo
y sé feliz*

*Salpícame de gozo en
los pozos ciegos de la vida*

*¡Guarda tus tristezas en una caja,
sientate encima y ríe!*

BÁRBARA JOHNSON

AUTORA DEL ÉXITO DE LIBRERÍA *SALPÍCAME DE GOZO*

Cómo usar el humor para aplastar el dolor

MAMÁ, ¡BUSCA EL MARTILLO!

¡Hay una mosca en la cabeza de papá!

EDITORIAL BETANIA

© 1995 **Editorial Caribe, Inc.**
9200 South Dadeland Blvd., Suite 209
Miami, FL 33156, EE.UU.

Título del original en inglés:
Mama, get the Hammer!
There's a Fly on Papa's Head!
© 1994, Barbara Johnson
Publicado por *Word Publishing*

Traductora: *Erma Ducasa*

ISBN: 0-88113-352-3

Impreso en EE.UU.
Printed in U.S.A.

1ª Edición

Dedicatoria

Dedico humildemente este libro a todas las queridas y amorosas personas que me han alentado y han sido las encargadas de levantar mi ánimo. Ojalá actúe como un bumerán para ellos: Al haberme bendecido con sus cartas y su amor, espero que encuentren que su amor se les ha devuelto mediante estas páginas.

El que riega será también regado.
(véase Proverbios 11.25, Biblia de las Américas).

Contenido

Reconocimientos

Muchas de las frases, citas, chistes, historias y poemas usados en este libro me las han enviado los que apoyan a los Ministerios Espátula, una organización sin fines de lucro cuyo objetivo es despegar del cielorraso a los padres devastados con una espátula de amor y encauzarlos en la senda hacia la recuperación.

A veces estos ítemes han llegado en forma de recortes de revistas, periódicos, boletines de iglesia, libros o simplemente como relatos cómicos contados entre amigos. Todos son apreciados; han alegrado mis viajes hasta el buzón y le han agregado gozo a mis días.

Me he esforzado por localizar las fuentes originales siempre que fuese posible, pero en muchos casos no se pudo hacer. Pido disculpas si de algún modo he incluido algún ítem sin otorgar el crédito debido; ciertamente no ha sido intencional. Con gusto daré los reconocimientos correspondientes en ediciones futuras cuando me entere de cambios que sean necesarios.

Las cartas usadas en este libro se han basado en correspondencia que he intercambiado con padres que sufren, pero la mayoría de ellas se han modificado y los hechos cambiados para proteger las identidades de los escritores y sus familias. En algunos casos he pedido permiso, el cual se me ha concedido, para usar nombres y hechos reales, y agradezco a esas personas por haber tenido la bondad de contar sus historias.

Ofrezco un agradecimiento especial a los siguientes individuos por permitirme el uso de sus materiales:

El título gracioso de este libro *Mamá ¡busca el martillo! ¡Hay una mosca en la cabeza de papá!* es de una canción de Frank Davis y Walter Bishop. Copyright ©1961 por Southern Music Publishing Company, Inc. Copyright renovado. Se reservan todos los derechos. Usado con permiso. Copyright internacional asegurado.

Mi amigo Ashleigh Brilliant, de *Brilliant Enterprises*, que bondadosamente me ha permitido el uso de varios de sus ocurrentes *Disparos* a lo largo del libro. Cada uno se reconoce individualmente, pero también deseo agradecerle aquí, su buena disposición de darnos su humor a fin de ayudar a los que sufren dolor.

Ruth Harms Calkin, por permitirme el uso de sus poesías en las páginas 74 y 182.

Gretchen Jackson Clasby por permitirme el uso de sus preciosos dibujos *Sonshine Promises* los cuales se encuentran en las páginas 96, 129, 166 y 179.

Ruth L. Clemmons, por permitir la inclusión de su composición «When You Lose a Child» [Cuando se pierde un hijo], en el capítulo 4.

Dr. Peter Gott, por permitir que adaptase elementos de su columna, sindicada por *Newspaper Enterprise Association*, «Medical Confusion to Tickle the Funny Bone» [Confusión médica que provoca risa] en el capítulo 1.

Pat Hanson, por permitirme el uso de frases y notas de amor extraídos de su encantador calendario «Pat Prints».

Robert Hastings, por permitirme copiar su «The Six Realities» [Las seis realidades] obtenido de *The Station and Other Gems of Joy* [La estación y otras joyas de gozo] en el capítulo 7.

Evelyn Heinz, por permitir el uso de su poema titulado «The Alphabet Prayer» [La oración del alfabeto], impreso en el capítulo 6.

Liz Curtis Higgs, por permitir el uso de la receta de su plato preferido (véase página 32), copiado de *Does Dinner in a Bucket Count?* [¿Vale la cena en un balde?] (Thomas Nelson, 1992) como también de su consigna que ha sido usada como título del capítulo 1.

Dick Innes, por su poema «Never Waste Your Pain!» [¡Nunca desperdicies tu dolor!], impreso en el capítulo 5.

Anna Jean McDaniel, por su poema «Whatever, Lord», [Lo que quieras, Señor], impreso en el capítulo 4.

La fundación *Helen Steiner Rice*, por su poema «The Gift of Friendship» [El don de la amistad] en el capítulo 5.

Sandy Ritz, R.N., por permitirme adaptar su caricatura «Ode to Burnout» [Oda al agotamiento] para la introducción.

Suzy Spafford, creadora de Suzy's Zoo [El zoológico de Suzy], por permitir el uso de sus ilustraciones que elevan el espíritu en páginas 131, 144, 161 y 181.

Larry Thomas, por permitir el uso de consignas extraídas de su catálogo *Remarkable Things* [Cosas extraordinarias] a lo largo de este libro.

Sherrie Weaver, por sus *Updated Witticisms* [Humoradas actualizadas] esparcidas por los «Espanta espantos».

Norma Wiltse, por su poema «The Garment of Praise» [El manto de alabanza], impreso en el capítulo 8.

A todas estas personas, vuelvo a decir: ¡*Gracias!*

Introducción
¿Que busque qué...?

Mis lectores saben que uso algunos títulos bastante desca-bellados. Pero esta vez es posible que pienses: *¡Bárbara ha estado jugando demasiado con su palo de lluvia! Debe haber perdido contacto con la realidad.* Por otro lado, si eres del tipo filosófico, es posible que estés buscando algún profundo significado espiritual en *Mamá, ¡busca el martillo! ¡Hay una mosca en la cabeza de papá!*

En realidad, escogí este título porque es loco y cómico; es adaptado de una canción del oeste que encontré en alguna parte.[1] Mi meta es que las personas tomen este libro y digan: «¡Aquí viene Bárbara otra vez... este parece ser pura diversión!»

Así que debo admitir que el título de este libro no tiene significado «profundo» alguno, excepto por una cosa: El humor es una fuerza poderosa y, cualquier cosa que nos haga reír ante la adversidad de la vida, es valiosa. Un buen lema es:

> EL AMOR HACE QUE GIRE EL MUNDO,
> PERO LA RISA IMPIDE QUE TE MAREES.

De modo que eso es lo que esperamos que este libro haga por ti: te aporte abundantes sonrisas, risitas y carcajadas. Por supuesto que toda esta locura tiene un propósito: animarte dondequiera que estés a experimentar las pruebas incesantes de la vida. Cada día mi correspondencia vuelve a afirmar el hecho de que la vida es dura, y a pesar de que algunos desearían poder simplemente «borrarse», es necesario que sigan en la lucha.

Una mujer me escribió para contarme que a un año de casarse, un accidente la dejó en silla de ruedas, destruyendo su carrera de profesora de aeróbicos (antes fue estrella de carrera). Su herida paralizante también disolvió sus esperanzas de tener hijos... ¿Cómo cuidaría de ellos sin poder caminar? Y deseaba saber: «¿Tienes algún consejo para mí?»

Una mamá de tres hijos varones escribió contándome que un hijo había estado llevando un estilo de vida homosexual desde hacía catorce años, y que un año atrás otro hijo había decidido ser también homosexual... lo cual ocurrió después de estar casado y tener una hermosa hija. Él es cristiano y sabe lo que enseña la Palabra de Dios, así que la madre preguntaba: «¿Cómo puede suceder esto?»

Otra madre más escribió para contarme que había perdido una hija en un accidente estando lejos de casa en la universidad. Mientras tanto, su hijo ahora «tiene una inclinación hacia compañeros homosexuales» y su hermano mellizo vive tan lejos que no puede verlo con frecuencia. Sufre de diabetes y, como si esto fuera poco, su esposo la abandonó yéndose con una mujer más joven.

Las cartas no dejan de llegar. Una dama dijo que tenía la sensación de estar viviendo entre PARÉNTESIS desde que se enteró de la homosexualidad de su hijo. «Sigo tratando de mover los paréntesis», me escribió, «pero se estiran tanto... ¡que todavía me encuentro entre estos horribles paréntesis de mi vida!»[2]

Si un par de paréntesis no describe adecuadamente el lugar donde ahora te encuentras, tal vez puede identificarse más con un POZO o con un TÚNEL. Es posible que recién hayas entrado a tu túnel; tal vez te encuentres a la mitad y no veas luz por ningún lado. O a lo mejor estás en la salida viendo algo que brilla por allá al final, pero no tienes la seguridad de si se trata de alguien que viene para ayudarte o un tren de carga que está a punto de pasarte por encima.

«¿Será que NUNCA llegaré a la cumbre?»

Hace poco, mientras estaba ocupada en una nueva edición

de nuestro boletín, sonó el teléfono. La voz del otro lado correspondía a una querida dama de tierra adentro en Mississippi. Su vida estaba llena de problemas: un esposo abusador, la muerte de un hijo luego de sufrir cáncer por mucho tiempo y ella misma no estaba muy bien.

Habló durante varios minutos acerca de sus problemas. Finalmente, hizo una pausa para respirar y dijo: «Bárbara, me parece que he estado moviéndome en el fondo durante mucho tiempo... ¿será que nunca llegaré a la cumbre?»

«Por supuesto que sí llegarás», le aseguré. «Dios te ha traído hasta aquí y NUNCA te abandonará. Su manto consolador está presente. Envuélvete en él y recuerda que NADA puede separarte del amor de Dios. SÍ lograrás llegar al final. SÍ lograrás sobrevivir y SÍ encontrarás la luz al final del túnel. Sin duda, un día mirarás hacia atrás, verás todas tus situaciones dolorosas y podrás ver cómo Dios las ha usado para hacerte la MELODÍA AGRADABLE para su gloria, convirtiéndote en un tesoro de oro ante sus ojos. Todo esto pasará, no permanecerá. Aférrate a Jesús con todas tus fuerzas y no te quedarás en el fondo; ¡SUPERARÁS la cumbre!»

Hablamos un rato más. No hice que desapareciesen sus problemas, pero al cortar la comunicación dijo que se sentía mejor. La conversación le brindó la ayuda necesaria para seguir adelante.

Algunas personas han dicho que mi actitud positiva es una fachada, que en verdad estoy en negación, intentando escapar de la realidad. Mi respuesta es que no tiene objeto negar la realidad. Es más, animo a las personas terriblemente heridas a seguir y penar porque el Señor a veces nos lleva a aguas revueltas, no con el fin de ahogarnos, sino para *limpiarnos*. Sin embargo, cuando nos enfrentamos a nuestros problemas, es perfectamente aceptable que a veces nos escapemos en busca del lado humorístico de las cosas. Las lágrimas inician tu proceso de sanidad y la risa te impulsa hacia adelante.

A menudo me escribe la gente para confirmar mi teoría de que el humor sana. La otra mañana, mientras trabajaba en este libro, recibí una breve carta de un cosobreviviente que decía:

Debo decir que admiro tu valentía y sentido del humor.

Siempre se me ha dicho que si el Señor cierra una puerta, otra se abrirá. Pues bien, he estado en un largo corredor por espacio de dos años y, desde que leí tu libro, he salido de ese oscuro pasillo y me siento renovado. ¡Incluso ahora la contraseña para mi computadora es «Nuevoinicio»!

En este libro me gustaría que te unas a mí en la búsqueda de la risa en medio de la adversidad. No importa en qué punto

Adaptado de un muñequito por Sandy Ritz, R.N., Honolulu, Hawaii.
Usado con permiso.

del túnel te encuentres (o, si lo prefieres, el paréntesis), diluye tu dolor para ver el humor de la vida. Así he logrado sobrevivir y sé que también tú puedes hacerlo.

Y el humor está en todas partes, desde los parachoques de los automóviles (en las calcomanías humorísticas) hasta los títulos cómicos de libros que puede encontrar en los pasillos de los supermercados. Recientemente, mientras hacía las compras, encontré uno cuyo título era:

BEBÉS Y OTROS PELIGROS DEL SEXO[3]

No me resultó particularmente gracioso, pero cuando vi el subtítulo:

Cómo fabricar una persona pequeña en nueve meses
utilizando herramientas que quizás tenga en su casa

Perdí la compostura y debí aferrarme a mi carrito de supermercado para evitar caerme de risa allí mismo en el pasillo. Un par de personas que hacían compras me lanzaron miradas extrañas, tal vez preguntándose si me había escapado de algún asilo para desorientados de la zona, pero no me importó. Me encanta reír y deseo animarte para que también lo hagas. Quizás esa sea la verdadera razón del título alocado de este libro: provocar una VERDADERA CARCAJADA, una risa genuina. Si ha logrado eso para ti, ya hemos comenzado a cumplir nuestro objetivo.

Así que, busca tu martillo si te place, o déjalo en el taller; exploremos juntos cómo adquirir esperanza y aliento a través del poder del humor. Según dijo alguien:

LA RISA ES COMO LA GASOLINA SÚPER:
¡ATENÚA LOS GOLPES DE LA VIDA!

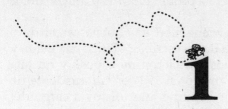

1

La cabeza piensa,
las manos trabajan,
*pero el corazón es el que ríe**

Querida Barbarita:

Hace años que no me río tanto. Mi esposo y yo hemos estado casados desde hace doce años y tenemos dos hijas hermosas. ¡Podría llenar un libro con mi historia médica! ¡Y en medio de todo eso había olvidado la sensación que produce una profunda risa abdominal! Me resultó muy refrescante. Canto bastante y eso ayuda, pero tu libro me dio algo de lo cual ya no podría prescindir: la risa.

◆ ◆ ◆

Me encanta lo que dice esta mujer en cuanto a que la risa es una cosa de la cual ya no podrá prescindir. Estoy de acuerdo. La risa es nutrición para tu alma, un torniquete que detiene el sangramiento de un corazón destrozado, un tónico alentador para el desanimado. Necesitamos reír para nuestro bienestar físico, emocional y espiritual. Salomón lo sabía, por eso dijo lo siguiente con respecto a la risa: «El corazón alegre constituye buen remedio; mas el espíritu triste seca los huesos» (Proverbios 17.22, RVR).

A veces la gente dice que mi especialidad es hacer reír a las

---

* Por el título de este capítulo estoy en deuda con Liz Curtis Higgs, *Un animador*®, P.O. Box 43577, Louisville, Kentucky 40253.

personas, pero en realidad ese no es mi objetivo principal. Uso la risa para aplacar el dolor que sienten las personas por causa de los golpes que la vida les ha propinado. Y hay mucho dolor allá en Espatulalandia.

Al parecer, a todos les viene bien una buena carcajada o aunque sea una risita. Una dama escribió: «Tengo cincuenta y nueve años. Hace dos años fallecieron mi esposo y mi hija debido al cáncer. Mi hijo murió en 1984 en un accidente de esquí; acababa de cumplir veintiún años. Estoy a cargo del cuidado de mi madre de ochenta años y de mi suegro de noventa. El año pasado tuve que volver a trabajar para mantenerlos (y a mí misma). Te darás cuenta de que sí me hace falta una sonrisa de vez en cuando.

Otra querida mujer me mandó una línea en una tarjetita de 7,5 x 12,5 cm que decía: «Gracias por tu manera humorística de ver la vida, ¡la cual en ocasiones amenaza con moler a las madres hasta convertirnos en polvo! Mis problemas no son del mismo tipo de los tuyos, pero ciertamente ayudan a que nos recuerden examinar cualquier problema con una oración y con risa...»

Con frecuencia, la gente me envía tarjetas con simpáticos saludos, ilustraciones y caricaturas. Una tarjeta que me envió una mujer tenía en la tapa un precioso dibujo de un osito de peluche que llevaba un gran corazón sobre su pecho, y aunque no había captado del todo bien el nombre de *Ponte una flor*,[1] comprendí su mensaje:

> Varios años atrás leí tu libro de la *Margarita* el cual me hizo reír y llorar hasta no poder exprimir otra lágrima más. Como en esa época mi esposo estaba en el hospital por estar muy enfermo, tu libro hizo brotar el gozo que siempre he tenido en el Señor. Hasta se lo leí a mi esposo y también se rió. Desde entonces ha mejorado mucho. ¡Dios es tan *bueno*!...

Una de mis notas favoritas, sin embargo, no vino por correo, sino que la dejaron en el parabrisas de mi auto (el cual tiene placas que dicen ESPÁTULA) mientras me encontraba en un mercado local comprando provisiones:

Mediodía del jueves

¡Bárbara Johnson! ¡Sé que estás aquí en <u>algún lugar</u> de estos negocios! Sólo desearía saber <u>dónde</u> y qué aspecto tienes, para poder presentarme y decirte cuánto gozo has traído a mi vida... ¡y risa!

He disfrutado muchísimo cada vez que te he escuchado por la radio. ¡Eres un deleite!

Como vivo en La Habra y frecuentemente voy al correo contiguo a la municipalidad, no dejo de tener la esperanza de encontrarme contigo allí. O, por lo menos, ¡¡poder observar cuando te ponen una multa por hacer otro giro en U frente a la misma!! ☺

Me tengo que ir... ¡necesito comprar otra colorida FLOR para mi pelo!

Con cariño,
Carol Anne Posey

Cuando te encuentres con los baches de la vida... ríe

Todas las notas y cartas arriba mencionadas vuelven a probar que:

EL HUMOR ES A LA VIDA LO QUE
LOS AMORTIGUADORES SON A LOS AUTOMÓVILES.[2]

La vida está llena de montículos, baches e incluso puentes derrumbados. ¡De modo que necesitamos todos los amortiguadores que podamos conseguir! Cada vez hay más doctores que concuerdan en que todos necesitan reír más. En nuestra tensa y nerviosa sociedad donde la gente corre para cumplir con citas que ya han perdido, una buena risa puede resultar tan refrescante como un vaso de agua en el desierto. La única manera de poder soportar estos días devastadores es buscar el humor y, en algunos casos, crear nuestra propia diversión a partir de los desastres que pudieran de otro modo arruinarnos el día.

Por ejemplo, recuerdo el día que todos los diarios locales publicaron historias acerca de cómo algunos, al parecer expertos, pensaban que los planetas llegarían a alinearse provocando el fin prematuro de nuestro mundo. Eso no sucedió, pero el día sí empezó al despertarme Bill de un sueño profundo a las seis de la mañana con la noticia de que el calentador de agua estaba GOTEANDO por todas partes.

«Debo ir a trabajar, pero es necesario que llames al plomero INMEDIATAMENTE», dijo Bill mientras salía corriendo por la puerta camino al trabajo.

Era terriblemente temprano para llamar a un plomero, pero al final logre que uno viniera. Le echó una mirada al calentador que goteaba y anunció que debía reemplazarse... ¡por la suma de trescientos dólares! Luego me preguntó si deseaba una garantía de diez o de cinco años. Le respondí que CINCO serían suficientes, ¡porque no esperaba estar por aquí más de ESO!

El plomero me miró inquisitivamente, luego se acercó hasta la mesa de la cocina a fin de completar su formulario de pedido de trabajo. Como siempre, mi mesa estaba cubierta de casetes, libros, correspondencia y otras cosas, así que debió despejar un poco de espacio para poder escribir en su libro de recibos. Y allí, a sólo cinco centímetros de distancia, estaba un pequeño libro de tapa blanda que alguien me había enviado, quizás como broma. El título proclamaba en grandes letras color violeta: HOW TO BE A HAPPY HOMOSEXUAL! [¡CÓMO SER UN HOMOSEXUAL FELIZ!]. Lo había dejado allí, pensando que lo hojearía más tarde y sé que el plomero lo vio.

No dijo palabra alguna. Completó su papelería, instaló el nuevo calentador de agua y luego de un saludo cortés se fue.

Más tarde, al salir rumbo a mi cotidiana visita al correo, vi el libro sobre la mesa. Comprendí que el plomero seguramente había ido a casa para contarle a su esposa acerca de esta dama LOCA que no pensaba estar por aquí más de cinco años. Como si esto fuera poco, leía libros tales como este: ¡CÓMO SER UN HOMOSEXUAL FELIZ! Empecé a reír y reí LOCAMENTE durante todo el trayecto hasta el correo de La Habra. En lo único que podía pensar era en cuánto se DIVERTIRÍA el pobre hombre, al contar sus extrañas experiencias ocurridas el día que se suponía debía acabar el mundo.

**Considerándolo bien,
puedes ver por qué me convendría una buena carcajada.**

Por qué la risa te hace bien

Hay muchos artículos y libros acerca de lo saludable que resulta reír. Por el lado físico, la risa incrementa el ritmo respiratorio, lo cual automáticamente aumenta la cantidad de oxígeno en la sangre, produciendo el efecto aeróbico que se asocia por lo general con ejercicios como nadar y correr.[3]

La risa también es buena para la salud mental. Escuché que un experto sugería que debíamos aprender a reírnos de nuestros momentos embarazosos de la vida.[4] Si no podemos reír ante lo que nos ha producido vergüenza, seguiremos siendo personas avergonzadas. Pero si podemos contar nuestros momentos embarazosos a otros, se logran dos cosas: en primer lugar, reconocemos nuestras imperfecciones, lo cual hace que otras personas se nos acerquen; en segundo lugar, es una gran manera de encontrar cosas de las cuales reír. Por ejemplo, una amiga especial de Espátula me dejó esta notita:

Ayer por la mañana entré corriendo al correo. Al querer guardar las llaves en mi bolsillo, ¡descubrí que me había puesto los pantalones de adelante para atrás! Los dejé así todo el día y nadie lo notó siquiera. A decir verdad, resultaban bastante cómodos, ¡¡¡ya que mi delantera es más grande que mis asentaderas!!!

Hay veces que los protectores femeninos no protegen

Uno de los relatos más graciosos de «momentos más emba-razosos» que haya escuchado desde hace rato es acerca de una dama que había escogido varios artículos de los estantes de un supermercado de descuento. Cuando finalmente llegó hasta la caja, se enteró que uno de ellos no tenía el precio. Imagina la vergüenza que sintió cuando la cajera, por medio del inter-comunicador, proclamó para que lo escuchase todo el alma-cén: «PRECIO PARA LA TRECE. TAMPAX. TAMAÑO SÚPER».

Como si eso fuera poco, alguien en el fondo del negocio aparentemente entendió mal la palabra «Tampax» y creyó escuchar «THUMBTACKS».* Con gran seriedad, la voz res-pondió retumbando por el altoparlante: «¿QUIERE DEL TIPO QUE SE INSERTA CON EL PULGAR O DEL QUE SE METE DANDO GOLPES CON UN MARTILLO?»

Esta historia, que se publicó en una carta circular no identi-ficada y que me envió una amiga, es posible que le haga sonreír, reír o posiblemente reaccionar con un poco de shock, pero en ese negocio, en ese preciso momento, todos perdieron su compostura. Personas que jamás se habían visto se soste-nían unas a otras para evitar caerse mientras las lágrimas rodaban por sus mejillas. Los agotados compradores recibie-ron una regocijante inyección de ánimo gracias a una inespe-rada liberación de tensión.

Estoy segura de que la dama que compraba Tampax debe haber pasado mucha vergüenza, pero espero que más tarde haya podido obtener del hecho una buena risa también y que haya podido relatar lo sucedido a sus amigas. La risa conjunta ante los pequeños reveses de la vida constituye una gran manera de dejar escapar vapor y de mantener el estrés a su mínimo nivel.

Una historia que he estado contando recientemente acerca de mí tiene que ver con una de mis aventuras mientras habla-ba en una iglesia. Como la habitación era un poco calurosa y encerrada, solicité que dejasen un poco de agua sobre el po-dio. Y así fue, cuando subí para hablar, había allí un hermoso cáliz repujado lleno de agua.

---

* N. del T.: Esta palabra significa tachuelas en inglés.

Mientras hablaba iba bebiendo sorbos de la copa y al terminar, TODA el agua se había acabado. ¡Aprecié TANTO esa agua! Más tarde, la encargada de la conferencia se me acercó para disculparse por haber olvidado dejarme un vaso de agua sobre el podio. ¡Me dijo que había estado bebiendo de un cáliz de agua bendita que usaba el pastor para bautizar a los bebés! Al llegar a ese punto disponía de dos alternativas: decidir enfermarme o decidir que era cómico. Me reí y dije: «¿En serio? ¡En realidad tenía bastante buen sabor!»

Cuando tienes la disposición de relatar cuentitos graciosos personales acerca de tu persona, tendrás muchas oportunidades de divertirte. Como dijo el cómico Víctor Borge:

LA DISTANCIA MÁS CORTA ENTRE DOS PERSONAS
ES UNA SONRISA.[5]

Aprende a darle arranque a la risa

Algunas personas me dicen: «Pero, Bárbara, no soy muy buena para la risa. Además, ahora no tengo mucho de qué reír».

Lo comprendo, pero la risa es como muchas otras cosas: si deseas DESTACARTE, será necesario que TE ESFUERCES. Para iniciar tu día, prueba este ejercicio simple: Párate frente a un espejo, coloca tus manos sobre tu abdomen y ríe. Prueba la risa de «abajo hacia arriba» que proviene de la profundidad de tu abdomen. Está bien si al principio sólo puedes lograr un gran «¡JA!» Luego haz la prueba de un gran «¡JA, JA!» Sigue agregando más «JAs» hasta que tu diafragma esté actuando y, en el momento menos pensado, la risa brotará de ti.

Tal vez esto suene un poco alocado, pero da resultado. Literalmente puedes dar arranque a una buena risa casi en cualquier momento que lo desees.

Quizás te preguntes: «¿Será cierto que la risa logra todo *esto*?» Sí, lo logra si puedes creer una cosa:

NO ES QUE REÍMOS PORQUE ESTAMOS FELICES;
SINO QUE ESTAMOS FELICES PORQUE REÍMOS.

Recuerda que del mismo modo que difieren los gustos en cuestión de alimentos y ropa, también difieren los gustos en cuestión de humor. Descubre el tipo de humor que te agrada y búscalo en películas, videos, caricaturas, libros y revistas. También, procura relacionarte con gente que te haga reír. Tal vez se trate de cierto amigo, o de uno de tus hijos, o de un nieto. Sea quien fuere, pasa tiempo con esa persona.

Haz todo lo posible por cultivar un sentido del humor, el cual no sólo es contar chistes. Un sentido del humor se conecta con la forma que tienes de encarar la vida, reírte ante lo absurdo y lo ridículo, poner en perspectiva tus problemas y lograr sentir gozo porque sabes que:

¡CUALQUIER DÍA QUE NO ESTÉS BAJO TIERRA
ES UNO BUENO!

Algunas personas conocen el significado de esta consigna en grado sumo. Una dama escribió para contarme que acababa de empezar a escalar para salir de un negro agujero de desesperanza en el que se había sumido dos años antes cuando su esposo de cuarenta años de edad contrajo lupus. Al cabo de un tiempo perdió su capacidad de caminar, acabando con sus esperanzas de convertirse en un entrenador.

Luego su hijo menor, un adolescente, lo encontraron inconsciente en el piso del baño con las muñecas cortadas y sangrantes. Intentó matarse porque «escuchaba voces». Más tarde, se enteraron que el muchacho se había involucrado en satanismo por medio de unos amigos que conoció en la escuela.

Como para completar el cuadro, esta mamá también está pasando por problemas con sus dos hijas mayores. Una hija ya no quiere que sea su madre y la otra acaba de dejar a su segundo esposo. A pesar de TODO esto, la mujer escribió:

Más o menos en ese punto fue que inicié mi descenso al profundo hoyo que lentamente había estado cavando. Siempre he tenido la habilidad de cavar hoyos y ahora me había caído en él de cabeza. Empecé a sentarme a solas en la oscuridad donde mis pensamientos me iban hundiendo en la desesperanza a una profundidad cada vez mayor.

No podía hallar consuelo en el delicado aliento de mi esposo y no podía encontrar mi respuesta en Dios. Yo, también, me encontraba a punto de suicidarme cuando finalmente busqué ayuda. He recibido algo de consejería y, al leer tu libro, estaba sentada riendo y llorando a la vez mientras me preguntaba cómo era posible que hicieras ambas cosas. Creo que ese es el objetivo principal de tu libro. Voy a buscar el gozo en medio de mis circunstancias. Muchas de esas circunstancias no se han modificado, pero las estoy mirando de manera diferente. He dirigido mis ojos a mi Señor. SÉ que Él tiene las respuestas.

El «terremoto» nos sacudió con risa

Cuanto más busques el humor, más lo hallarás. Haz la prueba de llevar un diario para anotar las cosas humorísticas que hayas leído, visto o escuchado. Recorta caricaturas para colocar en tu tablero de noticias o en el refrigerador familiar. Repártelas a visitas y huéspedes. Nunca se sabe cuándo puede hacer falta algo para agregar un poco de gozo a tu vida.

Todos necesitábamos algo que nos iluminara la vida este año cuando el terremoto devastador golpeó el sur de California. (Dicen que no fue «el grande», ¡pero sin duda fue bastante grande para mí!) Una mujer escribió para contarme cómo una pequeña salpicadura de gozo le recordó que siguiese sonriendo a través de sus lágrimas mientras limpiaba su hogar después del sismo. Escribió así:

> Aproximadamente un año atrás asistí a un retiro donde eras la oradora, y diste a cada dama unas piedras brillantes para llevar a casa y colocar sobre el alféizar de una ventana. Lo hice. Luego en cierto sentido las olvidé. Pero me comunicó con claridad su mensaje del amor de Jesús mientras limpiaba un enorme desastre de cosas rotas después del terremoto.
>
> El refrigerador y todas las alacenas se abrieron vaciando su contenido y todo se rompió en millones de pedazos. Mientras limpiaba me sentía triste, asustada y molesta. Luego vi un «destello» entre mis tesoros quebrados. Lloré al levantar la pequeña piedra brillante y agradecí a Dios por haber podido disfrutar de esos tesoros durante los años que duraron. Pensé: «Es por eso que tengo a Jesús». Cuando vi esa piedra brillante debí sonreír y decir: «Gracias, Bárbara, por este recordatorio del amor de Jesús. Voy a brillar para Él».

Una de las cosas graciosas acerca del humor es que ciertas cosas resultan cómicas para algunos, pero no para otros. Siempre resulta divertido ver qué cosa provoca risa y qué cosa no. A veces, mucho depende de la atmósfera donde uno se encuentra o de la compañía que a uno lo rodea en ese momento. Por ejemplo, cuando mi hermana Janet y yo nos reunimos, casi siempre encontramos muchas cosas de las cuales reír, a veces por accidente y en ocasiones simplemente porque ambas estamos en una frecuencia «chiflada».

Hace unos años, luego de sufrir otro de nuestros impresionantes terremotos en el sur de California, Janet vino desde Minnesota para visitarnos por unos días. Es natural que, por causa del reciente sismo que marcó aproximadamente 5.5 en la escala Richter, sintiera bastante aprehensión. Una mañana Janet mencionó que quería poner a lavar «unas pocas cosas». No sabía que cuando el montón era demasiado pequeño tendía a desequilibrar la lavadora y yo no había prestado atención a la escasa cantidad de ropa que tenía pensado lavar.

Estábamos sentadas a la mesa de la cocina, conversando sin parar mientras la lavadora efectuaba sus acostumbrados sonidos zumbantes en el lavadero cercano. De repente escuchamos todo tipo de sonidos de golpes que hacían BUM y BONK, y a continuación nuestra casa móvil empezó a SACUDIRSE. Al no estar enterada de la poca carga de la lavadora, mi primer pensamiento fue ¡TERREMOTO! «¡Ubícate bajo la mesa RÁPIDAMENTE!», le grité a Janet. «Y mantén la cabeza cubierta».

¡Hacía años que mi hermana mayor no se desplazaba con tanta rapidez! Ahora que lo pienso, también yo me movía con bastante rapidez para colocarme debajo de la mesa JUNTO a ella cuando de repente sospeché lo que sucedía en realidad... simplemente estaba desnivelada la lavadora.

Me dirigí tambaleando hasta la puerta del lavadero y al abrirla encontré que la lavadora funcionaba como correspondía después de impulsarse hasta el siguiente ciclo. Todo el BUM-BUM y las sacudidas se habían detenido, así que le dije a Janet: «Está bien. No es un terremoto. Sólo es la lavadora».

Nos miramos por unos pocos segundos. Luego Janet comenzó a reír. Eso hizo que empezara yo, y en poco tiempo ambas nos reíamos histéricamente (con una gran sensación de alivio). Fue una buena ilustración de lo cerca que vivimos todos del borde del abismo aquí en el sur de California. Cada vez que sentimos cualquier tipo de sacudida o temblor, pensamos: «¡ES EL GRANDE!»

Todavía recuerdo la vez que nos estremeció un sismo mientras dos locutores de un noticiero de la TV local estaban en medio de la trasmisión. Cuando el estudio empezó a sacudirse a medida que se mecían los grandes reflectores que colgaban desde arriba, abriendo los ojos desmesuradamente desaparecieron de la vista. ¡*Ubicados bajo su escritorio*, seguían informando acerca del terremoto más reciente que estremeció el área!

Ahora comprendo exactamente cómo se sentían. Cuando sacude un terremoto, uno se tira debajo de cualquier cosa a fin de protegerse. Janet y yo reímos la mayor parte del día por causa del «terremoto de la lavadora». ¡Qué divertido! Le dije que debía volver a probar eso alguna vez que tuviésemos visitas a fin de ver si TODOS correrían buscando un sitio seguro. Resultaría especialmente divertido si se llevaba a cabo con visitas que viniesen de fuera del estado. Entonces tendrían la posibilidad de decir que habían vivido la experiencia de un terremoto.

La jorobada de La Habra

La risa de algún modo resulta contagiosa, particularmente cuando nos juntamos Janet y yo. En otra ocasión cuando ella estaba de visita, me ayudó a leer algo de correspondencia, lo cual en realidad aprecio porque siempre estoy atrasada en ese aspecto. Al ir revisando una de las tantas pilas de cartas, Janet se encontró con una que decía:

Te amo Bárbara por todo lo que has hecho en tu paso por la tierra. Quizás algún día podré darte un gran abrazo. Pero si no te veo en esta tierra, te veré en el cielo.

Sé que te reconoceré, serás la de la espalda encorvada por causa del peso de tu corona.

Después de leerme la carta en voz alta, Janet empezó a reír. «Déjame ver eso», le dije. «No estoy segura de comprender lo que resulta tan gracioso».

Al leer la carta, empecé a sonreír. Luego empecé a emitir risitas junto con Janet. Antes de darnos cuenta, reíamos a carcajadas de sólo imaginarnos lo que esta amiga decía. Más tarde, Janet intentaba relatar el episodio a alguien por el teléfono, pero comenzó a reír con tanta fuerza que no le salían las palabras.

Es difícil decir por qué la nota de mi amiga nos resultó tan graciosa. ¡Quizás fue por causa de la imagen mental creada de mí cargando esa enorme corona! Por supuesto que sabemos que todos tendremos coronas en el cielo. Me agrada el pasaje que habla acerca de las bendiciones para los que perseveran en medio de la prueba, porque cuando hayan resistido la prueba, recibirán «la corona de la vida, que Dios ha prometido a quienes lo aman».[6]

Hay una canción que habla de tener «estrellas en mi corona», lo cual supongo que representaría un gozo especial. Pero el simple hecho de ser una hija del Rey y llevar puesta una corona de gloria que nunca perderá su brillo será suficiente para mí.

Sí, la risa PUEDE ser contagiosa, además de ser impredecible. Como dijo alguien, la risa quizás sea el lujo más barato que tenemos. Agita la sangre, expande el pecho, electriza los nervios, remueve las telarañas del cerebro y le da a todo el sistema una rehabilitación limpiadora. Una buena risa es el mejor remedio, sea que esté enfermo o no. Es más:

LA RISA ES A LA VIDA
LO QUE LA SAL ES AL HUEVO.

Como nunca se puede reír demasiado, he decidido dedicar el resto de este capítulo a cosas humorísticas que me ha enviado la gente. Algunas de ellas han aparecido en nuestras cartas circulares, pero otras no. Encontrará todo tipo de humor, desde metidas de pata, hasta disparates y cuentos locos que he coleccionado a través de los años. A partir de este popurrí de humor, estoy segura que derivará algunas risas y quizás hasta una buena risa abdominal. De paso, ¿sabía que otro nombre que se le da a la risa abdominal es RISAMOTO?

Los informes de accidentes pueden causar risa

Me encanta coleccionar dichos graciosos que escribe la gente en los informes de accidentes para el seguro. He aquí una de las mejores listas que he encontrado:

- Al volver a casa tomé la entrada equivocada chocando contra un árbol que no tengo.
- El tipo iba de un lado a otro del camino. Debí desviarme varias veces antes de chocarlo.
- Iba camino al doctor con problemas en la parte trasera cuando cedió mi junta universal, lo cual me provocó un accidente.
- Fui lanzado de mi automóvil cuando el mismo se salió del camino. Más tarde fui descubierto en una zanja por unas vacas sueltas.
- Le dije a la policía que no estaba herido, pero al quitarme el sombrero descubrí que tenía el cráneo fracturado.

- La causa indirecta del accidente fue un hombrecito en un auto pequeño con una gran boca.
- Para evitar la colisión, choqué con el otro auto.
- El accidente se debió enteramente a la curva del camino.[7]

Cada pequeña alegría ayuda

Es obvio que este capítulo podría seguir creciendo hasta convertirse en un libro, así que tal vez ha llegado el momento de cerrar con algunas cositas que espero contengan una salpicadura de gozo. En primer lugar está la manera que una de mis amigas prepara su plato preferido:

Mi receta preferida:
Combine todo lo
que está del lado
izquierdo del
refrigerador.
Cubra con papas
fritas. Hornee.

Liz Curtis Higgs, *Does Dinner in a Bucket Count?* [¿Vale la comida en un balde?], Thomas Nelson, Nashville, 1992, p. 71. Dibujo de Carol Cornette. Usado con permiso.

Las recetas de este tipo son las que llevan a Bill a decir con frecuencia: «A Bárbara le divierte cocinar, pero para COMER salimos». También les dice a todos que si quiere esconder algo de modo que no lo pueda descubrir, lo pone adentro del horno. ¡Sabe que en ese lugar NUNCA lo encontraré!

¿Por qué me esfuerzo tanto por hacer reír a la gente? El otro día una mujer me dejó una nota que lo dice todo:

Estoy segura que te han enviado gran cantidad de cuentos tristes. No te molestaré con el mío, pero tus libros y charlas me han preparado para el desastre que ahora me toca vivir. Cada pequeña alegría ayuda. Gracias por amar a otros de manera tan rica.

Mi amiga tiene razón: *cada pequeña alegría SÍ ayuda.* La risa probablemente no te hará salir de tu túnel, pero definitivamente te iluminará el camino. Recuerda:

La risa es como cambiar el pañal a un bebé:
No resuelve el problema permanentemente,
pero hace que las cosas resulten más aceptables por un tiempo.

Espanta espantos

Mientras un huésped cerraba su cuenta en un hotel de lujo, observó un cartel en la puerta de su habitación: «¿Se olvidó algo?» Al pagar su cuenta en la mesa de entradas, el viajero informó al gerente: «Su letrero está equivocado. Debiera decir: "¿Le quedó algo?"»[8]

ES IMPORTANTE TENER BUENA PUNTERÍA...
TAMBIÉN LO ES SABER CUÁNDO APRETAR EL GATILLO.

Acertijo del Día de Acción de Gracias: ¿Por qué a los colonizadores siempre se les caen los pantalones?
PORQUE USAN EL CINTURÓN EN EL SOMBRERO.

Carteles vistos en parachoques:
CUÍDESE: ¡YO MANEJO IGUAL QUE USTED![9]

¡ALÉGRATE! ALGÚN DÍA TE MORIRÁS.[10]

La vida está llena de incertidumbre...
(o ¿me habré equivocado al respecto?)
Ashleigh Brilliant, Disparo #4241, ©1987.

UNA SONRISA ES LA LUZ EN LA VENTANA DE TU ROSTRO
QUE COMUNICA A LA GENTE QUE ESTÁS EN CASA.

NO SOY UN MALCRIADO...
NO LO SOY.
No lo soy...
no lo soy... no lo soy...[11]

Humoradas actualizadas

EL RELÁMPAGO NUNCA GOLPEA DOS VECES,
PERO, ¿ACASO UNA VEZ NO ES SUFICIENTE?

PÁJARO EN MANO
TE ENSUCIARÁ LA PALMA.

LOGRAR EL SILENCIO ES TERRIBLEMENTE DIFÍCIL
CUANDO UNO TIENE HIJOS.[12]

HE VISTO LA VERDAD,
Y NO TIENE SENTIDO ALGUNO.[13]

Si puedes sonreír cuando las cosas andan mal,
es porque tienes en mente alguien a quien echarle la culpa.[14]

Confusión médica que provoca risa

Algunos de los males más curiosos descritos por pacientes
a sus médicos incluyen: Dolores «migrantes» de cabeza,
glándulas «prósperas», «Mentalpausa».

Un hombre mencionó que alguien dejó de respirar y se le
debió hacer «inseminación artificial». Una mujer solicitó un
«monograma». Otro se quejó de dolor en las «palmas de mis
pies».[15]

Cuando la mujer está triste, todo le parece mal; cuando
está alegre, todo le parece bien. (Proverbios 15.15, La Biblia
al día)[16]

Algunos días eres paloma, otros días eres estatua*

Cuando me encontré con este dicho simpático acerca de palomas y estatuas, pensé: *Qué descripción perfecta del estrés que forma parte de nuestras vidas diarias.*

Cuando tienes bajo control las presiones de la vida, eres como una paloma que vuela en lo alto por encima de los problemas. Pero cuando la vida deja caer sobre ti un cargamento de estrés, emerges todo cubierto de excremento.

Cuando eso suceda, hay varias reacciones posibles que puedes adoptar:

- Puedes mantenerte estoico como una estatua o puedes dedicarte a la autoconmiseración, quejándote en voz alta y diciendo que la vida no vale nada. Cualquiera de estos abordajes negativos que uses hará que el estrés te desgaste, te derrote y posiblemente te haga enfermar.

- Puedes aceptar lo que sucede y mantener una actitud positiva a la vez. Una de las mejores maneras de enfrentar el estrés es comprender un concepto sumamente importante:

LA RISA Y EL APRENDIZAJE VAN DE LA MANO.

Cuando tienes la habilidad de tomar tus sorpresas, errores

---

* Por el título de este capítulo estoy en deuda con el Dr. Roger Andersen, *Some Days You're the Pigeon, Some Days You're the Statue: Comic Confessions of a College Professor* [Algunos días eres paloma, otros días eres estatua: Confesiones cómicas de un profesor universitario], The Humor Project, Sarasota Springs, NY, 1993.

o torpezas y ver el humor de la situación, reducirás tu estrés y
lo convertirás en una fuerza POSITIVA que te ayudará a crecer
y GANAR. Una mamá me escribió para decirme que acababa
de recopilar el valor necesario para ponerse en contacto con el
juez que sentenció a su hijo, no para solicitar favor alguno, sino
para hacerle saber el dolor que le producía que su hijo no estuviese presente y que deseaba extender su amor hacia otros
jóvenes para mantenerlos fuera de dificultades. Su carta seguía así:

> Tengo cierta dificultad para dormir estando sola en nuestra
> casa en el campo, a pesar de que le pido al Señor que me
> proteja. Anoche, en nuestro estudio bíblico familiar, hablá-
> bamos acerca de las diversas traducciones de la Biblia cuan-
> do empecé a reír. Cuando los otros pidieron que les comu-
> nicase lo que resultaba tan gracioso, les dije que había
> resuelto el problema de la soledad. Simplemente llevaría la
> Biblia a la cama conmigo. Hice eso y dormí toda la noche,
> fue una cosa sencilla, pero era lo que me hacía falta.

Nuestra escuela secundaria era especial

Las tragedias que golpearon a nuestra familia produjeron
todo tipo de estrés. Quizás una de las razones por las que he
podido vencer el gran estrés en la vida adulta es porque
aprendí a enfrentarlo cuando era más joven, en especial durante mis años adolescentes.

Cuando murió mi padre, estábamos en plena Segunda
Guerra Mundial y mamá debió trabajar enseñando música.
Un amigo de la familia quería ayudar, así que se ofreció para
enviarme a una escuela secundaria cristiana privada que quedaba en el sur del país a muchos kilómetros de la ciudad
donde vivía. Era una institución muy respetada y el simple
hecho de que a uno se le permitiese asistir allí constituía un
verdadero honor.

Cuando llegué a la escuela, lo primero que vi fue un gran
cartel en la parte de adentro de la puerta de acceso al pabellón
de los dormitorios:

NO SE TOLERAN LAS QUEJAS

Desconocía el significado del cartel, ¡porque en nuestra

familia «quejarse» significaba vomitar! Este fue el primero de una serie de malos entendidos que tendría en esta escuela.

Luego vi que había grandes letreros sobre las puertas de TODOS los dormitorios de la escuela. Uno decía simplemente: HAZ LO CORRECTO. Otro declaraba: NO SACRIFIQUES LO PERMANENTE SOBRE EL ALTAR DE LO INMEDIATO. Recuerdo que otro cartel más advertía: LAS PERSONAS QUE POSTERGAN COSAS PEQUEÑAS NUNCA LOGRAN CO-SAS GRANDES. Hablando moderadamente, en esta institución los letreros formaban una GRAN parte de la vida.

Una de mis primeras noches, las maestras citaron a una reunión para informar a los estudiantes nuevos acerca de LAS REGLAS. A cada una se nos entregó una libreta en la que se detallaba cada regla y se explicaba el número de amonestaciones que se aplicarían por cualquier infracción. Al repasar las reglas durante la reunión, nos enteramos que se daban amonestaciones por llegar tarde a comer o a clase. Se daban amonestaciones por cantar «Cumpleaños feliz» a alguno cuando en REALIDAD no era su cumpleaños. Y uno podía recibir amonestaciones por no tener los pies APOYADOS EN EL PISO cuando sonaba la campana para levantarse o por tener una luz encendida después de las diez y media de la noche.

La disciplina se administraba de acuerdo a la cantidad de amonestaciones que uno recibía por quebrantar LAS RE-GLAS. Si uno acumulaba ciento cincuenta amonestaciones durante cualquier semestre, era enviado a casa en forma des-honrosa. El baúl de la persona castigada se llevaba hasta el frente de la capilla de modo que todo el estudiantado pudiese ver el nombre del mismo escrito en el baúl y así saber que había sido expulsado.

Cada viernes por la noche se colocaban listas mecanogra-fiadas en los pabellones con los nombres de los que habían recibido amonestaciones durante la semana. Si tu nombre se encontraba allí, debías presentarte ante un COMITÉ DE DIS-CIPLINA para explicar las circunstancias. Si podías dar una explicación razonable, existía la posibilidad de que fuesen quitadas las amonestaciones, pero de no ser así PERMANE-CÍAN en el registro. La mayoría de las infracciones a las reglas sólo significaban cinco o diez amonestaciones. Así que se requería UN MONTÓN para acumular las ciento cincuenta que provocarían que a uno lo enviaran a casa.

Había, sin embargo, una regla que implicaba una ENORME multa en amonestaciones y casi me conduce a una partida temprana. Entre los letreros colocados por toda la escuela había uno idéntico en cada habitación: NO SE PERMITE CO-CINAR EN LA HABITACIÓN. Me pareció que esa regla era extraña. ¿A quién se le ocurriría COCINAR en su habitación? Además, no teníamos con qué.

Pero al cabo de unas pocas semanas de comer en el come-dor, donde se servía frangollo, chícharos y algo que se parecía a bolas de naftalina hervida, tenía desesperación por alguna COMIDA DE VERDAD. Mi compañera de cuarto y yo que trabajábamos en el comedor, una noche hurtamos un poco de pan y queso y los llevamos a nuestro cuarto donde decidimos hacer emparedados de queso tostados. ¿Pero qué podríamos usar para tostarlos? ¡Nos deslizamos hasta abajo al lavadero y regresamos con dos planchas!

Usando un poco de crema facial Noxzema en lugar de la grasa, colocamos el queso entre dos panes para luego presio-nar los emparedados entre las planchas. En poco tiempo nos encontrábamos saboreando unos emparedados de queso a la plancha que nos parecían fantásticos, ¡a pesar de la crema facial Noxzema!

Mientras comíamos nuestros emparedados, la celadora del pasillo llamó a nuestra puerta. Algunas estudiantes del último año que vivían por el pasillo habían olido el queso mientras se asaba y nos habían denunciado.

No sólo ignorábamos que las estudiantes mayores tenían instrucción de informar de las violaciones a las reglas cometi-das por estudiantes nuevas, sino, lo que es peor, ¡no teníamos idea siquiera de que la pena por romper la regla de NO COCINAR EN LA HABITACIÓN era de ciento cuarenta y nueve amonestaciones!

Durante nuestra audiencia ante el Comité de Disciplina, por algún motivo pasaron por alto el hecho de que hubiése-mos hurtado de la cocina los ingredientes para el emparedado y que casi habíamos arruinado dos planchas. Se nos dio una severa advertencia de que ambas debíamos llegar al final de todo el semestre SIN NINGUNA AMONESTACIÓN MÁS. Si nos daban siquiera UNA SOLA, nos enviarían a casa.

¡Vaya ESTRÉS! Créeme, el hecho de que sólo te falta una amonestación hace que te mantengas en vilo. Me levantaba muy temprano a fin de asear mi habitación y llegar a clase a tiempo. Y obedecía escrupulosamente la regla preferida de la escuela que estaba colocada por todas partes: NO SE TOLE-RAN LAS QUEJAS.

Las amonestaciones se entregaban en papelitos color rosa que generalmente los repartían todos los días del semestre a la hora de comer. ¡Te aseguro que sudaba hasta evitar esos papelitos color rosa! Muchos años antes de que Johnny Cash popularizase la canción: «I Walked the Line» [Caminé dere-cho] aprendí el pleno significado del término. De algún modo sobreviví a lo que restaba del semestre sin que me diesen una sola amonestación más.

En cierta ocasión mi compañera de cuarto y yo nos dirigía-mos por el pasillo hasta el mural para ver quién había recibido amonestaciones. A fin de divertirnos, cantábamos el himno: «¿Estará mi nombre escrito... en las páginas de ese libro?» Empezamos a reír... hasta recordar que nos podrían dar amo-nestaciones por el *simple hecho de cantar por los pasillos*, ¡sin mencionar el hecho de burlarnos de la lista de amonestados!

El punto clave de este pequeño relato es que había dos formas posibles de reaccionar ante el estrés de tener que obe-decer todas esas reglas y llevar una «vida perfecta» durante varios meses sin un desliz. Podría haber dicho: «Se acabó. A quién le importa este lugar. Además, prefiero regresar a casa». Sin duda, hubiera regresado de inmediato.

En lugar de eso, el temor me motivó para hacer todo lo necesario para cooperar. En realidad, todas esas reglas tenían su lado BUENO. Antes de ir a esa escuela, me parecía a la mayoría de los adolescentes y por cierto me quejaba bastante. Pero cuando quedé en capilla ardiente, aprendí una forma totalmente diferente de reaccionar. Cuando uno pasa todo un semestre diciéndose a conciencia: «No me quejaré», uno llega a lograr un tipo distinto de disposición. Es más, se convierte en un hábito POSITIVO.

Al mirar hacia atrás y recordar mis días de escuela secundaria, puedo ver que algunas de las reglas parecían tontas, pero el resultado general fue bueno. Aprendí a ser una persona positiva, lo cual me ha ayudado a tratar con el estrés durante toda mi vida.

El estrés no se irá, así que...

Hasta ahora, he recibido más de cincuenta cartas de personas que dicen que haber leído uno de mis libros marcó la diferencia entre la vida y la muerte. Esta me agrada en forma especial:

> ¡Cuánto gozo me has dado! ¡Verdaderamente me salvaste la vida! No sabía nada de ti y tampoco había leído tus escritos. Pero la esposa de mi pastor me prestó *Ponte una flor...* Mi primer pensamiento fue: Gran cosa, lo que me hace falta... otro libro de ayuda. ¡Pero el tuyo sí dio resultado! Había pasado casi todo mi tiempo sintiéndome como una lata de aerosol: A PRESIÓN. Aunque mis problemas siguen presentes, ahora me resulta un poco más fácil sobrellevarlos. Si pudiste superar los horribles problemas a los que debiste enfrentarte, estoy segura que yo también lo lograré.

Tal como lo expresa esta dama de manera tan adecuada, el estrés te roba la energía y te quita todo el entusiasmo que te hace falta para la vida diaria. ¿Qué se puede hacer? La solución no es pedirle a Dios que te libere del estrés, sino aprender a sobrellevarlo para neutralizar su efecto. Todos estamos metidos en situaciones estresantes y la mejor forma de encararlas es aceptarlas y enfrentarlas en lugar de afligirnos y agitarnos, lo cual sólo produce un incremento de la tensión. En lugar de ser estatuas, podemos ser palomas remontándonos por encima de la lucha.

Sin embargo, a veces resulta difícil remontarnos con las palomas por causa de todos los *pavos* en tu vida. Muchas de las personas que escriben a Espátula han estado en la categoría estatua. Siempre da gusto saber de alguno que ha sobrevivido a un estrés increíble y aun así ha mantenido la capacidad de volar alto más adelante.

Una mujer escribió contándonos una historia increíble que se inició con felicidad mientras crecía en una iglesia cálida y

¡Y piensas que hay estrés en tu vida!

afectuosa donde ella siempre era «la niña buena». Después de un año de seminario bíblico, se casó con un hombre que pensaba era cristiano, pero durante varios años abusó de ella mental y físicamente, llegando también a amenazar a sus tres hermosos hijos. Por último, luego de que el esposo le disparara al gato de la familia, destruyese la casa y le apuntara a ella con un arma, tomó a sus hijos y se fue, llamando luego a la policía. Poco después, inició los trámites de divorcio.

Más adelante conoció a un hombre cristiano verdaderamente agradable; se casaron y él adoptó a sus hijos. La vida parecía sonreírle de nuevo, pero unos meses más tarde los doctores le informaron que su hijo de seis años padecía de cáncer. No esperaban que el niño viviese más de dos o tres meses.

Esta mamá pasó por todo, quedándose en el hospital con su hijo durante tres semanas, noche y día, odiando a Dios, maldiciéndolo y gritando: «¿Por qué mi hijito? ¿Por qué no pudo ser algún ebrio o drogadicto o niño maltratado que estaría mejor muerto? ¿Por qué mi hijo perfecto, amoroso y hasta ahora saludable?»

Su hijo inició quimioterapia semanal, punciones lumbares mensuales y tratamientos de la médula ósea que continuaron durante un total de cuatro años. En todo este tiempo, mamá no se sentía muy bien tampoco... ¡luego se enteró que estaba embarazada!

«Dios sí nos dio una hijita perfecta durante este tiempo infernal», escribió. «Supongo que fue en ese momento que empecé a perdonarlo».

Su hija nació saludable por completo, pero unos pocos meses después la madre sufrió un accidente automovilístico que la dejó parcialmente lisiada. Cuando esta herida casi empezaba a sanar, empezó a tener resultados anormales de sus Papanicolau y al final debieron hacerle una histerectomía a la edad de treinta y tres años.

Pero no se dio por vencida. Volvió a trabajar iniciando en su casa un servicio de mecanografía para estar presente cuando la necesitaran sus hijos y aportar además un ingreso. Las cosas siguen difíciles porque han despedido a su esposo de su trabajo, pero a través de TODO, esta mamá ha mantenido una actitud positiva aun ante repetidas desilusiones. Su carta concluye así:

> He perdonado a Dios, y muchas cosas buenas y amigos nos han llegado desde el diagnóstico de nuestro hijo. Le ganó al cáncer y sigue sorprendiendo a los doctores hasta el día de hoy. Ahora tengo más salud de la que tuve jamás, y nuestra familia se va compenetrando y edificando. Ahora estamos más cerca que nunca. Un dolor tras otro, pero ahora puedo volver a cantar por primera vez en doce años...

La diferencia entre ganar y perder

¡Caramba! La simple lectura de esta última carta resulta estresante, pero lo mejor de todo es que esta mujer acaba siendo GANADORA. Los ganadores convierten el estrés en algo bueno; los perdedores permiten que el estrés convierta sus vidas en algo malo. Los ganadores pueden ver una respuesta para cada problema; los perdedores ven un problema para cada respuesta.

Lo que establece la diferencia entre ganar y perder es cómo decidimos reaccionar ante las desilusiones. Todos hemos sentido en algún momento la angustia de la desilusión. Algunos recordamos en colores vivos el día que un cónyuge nos abandonó o que un hijo se fue de casa para adoptar un estilo de vida rebelde. Otros han sentido el retorcer del cuchillo del dolor de la pérdida de un ser querido y muchos conocen la sensación de hundimiento después de escuchar al doctor decir: «Lo siento. Es maligno».

El agudo ardor de la desilusión también viene acompañado de la frustración de ser malentendido por su familia o en su trabajo. También está el rechazo de perder el trabajo. Al día siguiente de comprar uno de mis libros, una mujer fue llamada a la oficina de su supervisor donde se le comunicó que el departamento que ella había encabezado durante ocho años sería eliminado y que su personal ahora quedaría bajo las órdenes de un joven que había estado en la compañía sólo seis meses. Ella escribió:

En otras palabras, debía empezar a buscar un nuevo trabajo. En realidad me sentí mal, ¡muy MAL! Soy una mujer de más de cuarenta años sin título universitario que me cuelgue del cuello, pero he trabajado muy intensamente toda mi vida y soy muy buena en lo que hago. Tenía idea de lo que se avecinaba porque últimamente la filosofía de la compañía ha sido reemplazar al personal gerencial de mediana edad por jóvenes con títulos universitarios, así que cuando me citaron para la reunión donde más tarde sería despedida, lo primero que vi fue tu libro sobre mi escritorio. Agarré una libreta de notas y escribí con un marcador violeta: «¡El dolor es inevitable, pero la desdicha es optativa!» Llevé la libreta conmigo a la reunión y seguí mirando las palabras mientras las repetía en mi cabeza. Fue lo único que me ayudó a darme mi lugar y guardar mi compostura en medio de lo que consideré uno de los momentos más humillantes de mi vida.

Sin duda, para la mayoría de nosotros, parece que el dolor es inevitable. Desde la necesidad de los dolores de parto a la inevitabilidad de la muerte, la adversidad forma parte integral de la vida. Hace años encontré un dicho que no sólo me ayuda a aceptar la adversidad, sino incluso a acogerla:

LA CORONA DE HIERRO DEL SUFRIMIENTO
PRECEDE A LA CORONA DE ORO DE LA GLORIA.

Algunas personas piensan que la vida siempre debiera soplar como una suave brisa y protestan si las cosas no salen a su favor. Si las corrientes contrarias son demasiado fuertes, levantan con fastidio las manos y dicen: «¡Nunca me sale nada bien!» El apóstol Pablo conocía bastante la desilusión. El rechazo, las golpizas y los encarcelamientos que soportó lo convirtieron en un experto del tema de vivir con estrés. Pero Pablo sabía que Dios nunca lo desampararía. Escribió:

NOS VEMOS APRETUJADOS POR TODAS PARTES,
PERO NO APLASTADOS;
NOS VEMOS PERPLEJOS, PERO NO DESESPERADOS;
PERSEGUIDOS, PERO NO ABANDONADOS;
DERRIBADOS, PERO NO DESTRUIDOS.[1]

La vida de Pablo era prueba de que podemos ser vencedores en lugar de víctimas. Tal vez recuerdes una mujer llamada Anna Mary Robertson. Se casó con Tom Moses y tuvo diez hijos. Al envejecer, la artritis plagó las manos de Anna Mary. A la edad de ochenta, buscaba un pasatiempo y optó por la pintura porque descubrió que le resultaba fácil sostener el pincel. Hoy la conocemos con el nombre de Grandma Moses [Abuela Moses], una artista dotada que pintó más de mil quinientas pinturas muy solicitadas. ¡El veinticinco por ciento de sus pinturas las realizó después de cumplir los cien años!

Hay ejemplos como este por todas partes. Aunque debamos enfrentarnos a la desilusión, podemos decidir cómo vamos a reaccionar. Nos acercarmos a Dios en busca de fuerza a medida que nos aprovechamos de la compañía de Cristo. Pablo sabía que aun cuando habría adversidad, Cristo estaba con él y nunca lo abandonaría ni lo negaría. Cristo estaría presente... perdonando, reconciliando y haciendo que todas las cosas fuesen nuevas. Sea cual fuere la carencia de Pablo, Jesús llenaría los huecos.

Lo mismo puede cumplirse en tu caso o en el mío. El dolor

es inevitable, pero no cabe duda que la desdicha es optativa. La adversidad vendrá. Los vientos de adversidad te harán arder el rostro. Las tormentas de la vida casi te enterrarán. Pero... SÉ VALIENTE. RECUERDA: LO PEOR QUE PUEDE SUCEDER ES LO PEOR QUE PUEDE SUCEDER.

Ashleigh Brilliant, Disparo #301 ©1971

Sin importar qué tipo de estrés es el que amenaza con abrumarte, es posible que sobrevivas y seas un vencedor. Tal como dijo alguien: «¡Aleluya, ganamos nosotros! ¡Leí el final del libro y GANAMOS NOSOTROS!»

Dios nunca permitirá que te hundas bajo tus circunstancias. SIEMPRE proveerá una red de seguridad. Su amor siempre te rodea. Sobre todo, ¡Dios siempre cumple sus promesas! Sea cual fuere el estrés al que te enfrentas ahora, SÍ lograrás llegar al final. Sí ganarás y, después de salir vencedor, ¡puedes extenderte hacia atrás y ayudar a otra persona estresada que sufre y necesita escuchar las buenas noticias de que también puede ser un vencedor!

¿Alguna vez dedicas tiempo para ti?

Cuando la vida se convierte en algo mayor de lo que puedas soportar, recuerda este buen consejo:

¿Te interesa conocer una forma efectiva de tratar con el estrés? ¡MÍMATE!

Desafortunadamente, me ha resultado difícil convencer a algunas personas de que es bueno tratarse bien de vez en cuando. Han escuchado (algunos durante toda su vida): «Nunca debes ser egoísta, siempre debes interesarte por otros, NUNCA debes pensar en ti».

Estoy totalmente de acuerdo en ser bondadoso para con otros. «El que riega será también regado» (véase Proverbios 11.25, Biblia de las Américas). Jesús enseñó: «Hay más dicha en dar que en recibir» (Hechos 20.35, NVI). Pero Jesús también nos enseñó con su ejemplo a salir del fragor de lucha y recargar nuestras baterías.

Jesús dedicaba el tiempo necesario para disfrutar con otros.

Podría haber pasado veinticuatro horas al día sanando a los enfermos o enseñando a las multitudes, pero nunca se ve a Jesús presionado o estresado. La idea de que uno nunca debiera dedicar tiempo para uno mismo no es bíblica. Es más, es una manera ideal para desintegrarse.

Cuando las frustraciones evolucionan hasta convertirse en problemas que nos dejan estresados, la mejor manera de sobrellevarlos es detenerse, recuperar el aliento y hacer algo que nos resulte agradable, no por egoísmo, sino por sabiduría. NO ERES SUPERMUJER. Todos necesitamos recargar nuestras baterías, quizás con mayor frecuencia que la que queremos reconocer. Recuerda:

TODOS NECESITAN RENOVARSE,
RECARGARSE Y RELAJARSE.[2]

Una de mis amigas especiales es Mary Lou, quien ha estado luchando junto con nosotros en Espátula desde hace años. Al principio, cuando se unió a nosotros, estaba tan distanciada que resultaba imposible captarla en el RADAR. Pero ha recorrido un largo camino con su maravilloso sentido de humor y, como hemos reído y llorado juntas, he aprendido mucho de ella acerca de cómo sobrellevar el estrés.

El otro día, Mary Lou me dijo que cuando se siente muy apesadumbrada, tiene un recurso especial para levantarse el ánimo. Yo esperaba algún tipo de joya espiritual, pero en lugar de eso dijo: «Saco un video de una vieja película de Shirley Temple, lo pongo en mi videocasetera, agarro una caja de galletitas con trocitos de chocolate, ¡¡y me recuesto durante un par de horas para ESCAPARME de todo!!

Los recuerdos se componen de esto

La rutina de Mary Lou me recuerda que la nostalgia ayuda mucho a relajarse. ¿Cuáles son los recuerdos especiales de tu niñez? Si les preguntaras a nuestros hijos qué cosa recuerdan, su primera respuesta sería: «rosetas de maíz recién asadas». La fragancia del maíz al reventarse permeaba la casa mientras Bill con frecuencia lo preparaba llenando enormes cuencos. (Esto era antes de que existiesen los aparatos automáticos para preparar rosetas o las rosetas para microondas.) Bill simplemente vertía el maíz dentro de una gran sartén sobre la cocina y la sacudía con vigor. El aroma era aun mejor que el que se huele en los cines y la casa se llenaba de ese maravilloso olor.

Cuando pienso en los olores que hicieron que mi infancia fuese especial, recuerdo cuando corría a casa para almorzar en lugar de hacerlo en el comedor de la escuela porque sólo vivíamos a tres cuadras de distancia. Los días invernales en Michigan eran fríos y ventosos, y aún puedo sentir el crujir de la nieve bajo mis galochas mientras corría a casa, a menudo con el frío viento azotándome la cara y mi «babusha» cubriéndose de nieve mientras me abría camino entre la nieve acumulada. (¿Recuerdas las babushas? Las atábamos alrededor de nuestras cabezas como enormes pañuelos, y cuantos más flecos tenían en el borde, mejores eran.)

Subía corriendo las escaleras que llevaban hasta nuestra casa y, al trasponer la puerta, olía esa maravillosa sopa de tomates hecha en casa, acompañada de la salsa de chiles especial de mi madre la cual había preparado en conservas el verano anterior. La salsa de mamá era tan espesa que equivaldría a lo que la gente hoy en día denomina salsa. Mamá siempre preparaba mucha, para luego conservarla en los viejos frascos Kerr, los cuales se guardaban en la bodega.

Esa salsa era una mezcla especial propia y junto con las cebollas, los ajíes y tomates, por supuesto, hacían que su sopa fuese inolvidable. Cómo me gustaba entrar a la casa escapando del crudo viento frío y pararme sobre la rejilla del piso sintiendo cómo subía el calor y me envolvía. Luego me sentaba ante un plato caliente y humeante de esa sopa de tomate. ¡Qué delicia! El mero OLOR de esa sopa deliciosa hacía que esa helada caminata a casa valiera la pena.

La vida sigue siendo «Mmmm, mmmm, sabrosa»

Aunque me mudé a California muchos años atrás y el frío helado de los inviernos de Michigan sólo es un débil recuerdo, aún recuerdo con claridad la sopa de tomate de mi mamá. A cada rato, cuando deseo darme un gusto, preparo una olla de sopa especial. A veces es de tomate, pero también me agrada la de guisantes partidos o de vegetales. Si estoy apurada, simplemente saco una «taza de sopa» de un paquete, le agrego agua caliente y revuelvo. Cuando tomo sopa, uso una taza especial que me regaló una amiga. Tiene dibujos de los niños de las sopas Campbell, acompañados de las palabras: «MMMM, MMMM, SABROSO».

Naturalmente que hago preparativos especiales para disfrutar a plenitud de mi sopa. En primer lugar, si es invierno, bajo un poco el termostato para que haga un poco de frío en la casa y tener al menos la sensación de frío. Por algún motivo, no da la misma sensación tomar sopa cuando la temperatura está en los ochenta grados.

Acto seguido, enciendo mi chimenea eléctrica y pongo en mi videocasetera un casete de Gaither. Luego me echo hacia atrás en mi reclinable, me cubro con una manta esponjosa (o mi «mantalmohada»: véase el capítulo 7). Use lo que use, siempre me cuido de cubrirme bien los pies, porque no puede uno sentirse abrigado bajo una manta o una mantalmohada si no se *ajusta* cómodamente sobre los dedos de los pies como un suave manto de seguridad.

Entonces simplemente me relajo, escucho la música, tomo mi sopa y me mimo. Ah, sí, siempre me aseguro de desconectar el teléfono para disfrutar de unos pocos minutos sin interrupciones y sorber el calor de esa sopa gratificante. Me vuelve a traer deliciosos recuerdos de esos días de niña cuando volvía de la escuela corriendo a casa y disfrutaba de la sopa de tomate de mi mamá.

A veces, con el fin de variar, tomo chocolate caliente en lugar de la sopa. A decir verdad, quizás resulte difícil determinar cuál de los dos me gusta más. Para sentirme verdaderamente exuberante, es posible que le agregue una GRAN porción de *Cool-Whip*. *

Tal vez quieras probar tú misma este tipo de pausa restauradora. Prepárate un poco de sopa o chocolate caliente. Asegúrate de tener acomodado alrededor de tus pies esa manta esponjosa. Esto es un requisito para poder experimentar esa sensación abrigada. Luego, relájate y disfruta de esos momentos mientras sientes que vuelve a fluir tu energía. Literalmente, tu ánimo se elevará desde el fondo hasta llegar a la cima.

---

* N. del T.: Una imitación de crema batida.

Resulta sorprendente que un pequeño placer como sopa o chocolate pueda lograr todo esto, pero asegúrese de agregar todos esos otros detalles importantes: la manta, la música, la quietud y el aroma. Todos se combinan en forma mágica para convertirlo en un verdadero tiempo de restauración. Literalmente podrá sentir cómo se aleja de su cuerpo el estrés. ¡Pruébelo, le encantará!

A veces uso el enfoque de Mary Lou y alquilo una vieja película. La meto a la videocasetera, me recuesto en mi reclinable, me cubro con mi manta o mi mantalmohada, y pierdo mis problemas en ese encantador mundo romántico de las películas en blanco y negro de los años cuarenta y cincuenta. A diferencia de muchas de las películas de la actualidad, que sólo amplían las dificultades de la vida, estas viejas películas ensanchan lo positivo. Es más, las películas de antaño tienen finales FELICES y nos reaseguran que, no importa cuán horribles parezcan las cosas, TÚ LO PUEDES RESOLVER.

La cantidad de antiguos clásicos en blanco y negro es casi ilimitada. He disfrutado de *Now* [Ahora], *Voyager* [Viajero], *The Philadelphia Story* [La historia de Filadelfia] y *Mr. Smith Goes to Washington* [El Sr. Smith va a Washington]. En ocasiones puedes descubrir verdaderas gangas de videos en las tiendas de descuento. El otro día estaba en Wal-Mart cuando me topé con un paquete de tres videos de *Our Gang* [Nuestra pandilla] a sólo nueve dólares el juego. Hace años me sentaba a menudo con mis hijos para observar las ocurrencias de los *Little Rascals* [Pequeños bribones], los personajes principales de las películas *Our Gang* [Nuestra pandilla]. ¡Así que podrá comprender por qué me hacían falta esos videos! Me los llevé a casa y me di un festín, con guarnición de preciosos recuerdos y del postre de chocolate caliente con Cool-Whip. Fueron tres horas maravillosas que me trajeron a la mente la declaración de Bonnie Prudden:

> NO SE PUEDE VOLVER EL RELOJ HACIA ATRÁS, PERO SE PUEDE VOLVER A DARLE CUERDA.

Usa toda la armadura de Dios... y una bolsa para estrés

Aunque resulte consolador mirar hacia la eternidad, tenemos que sobrellevar el presente y nos hace falta toda la ayuda que podamos recibir para lidiar con el estrés. Hay un maravilloso pasaje en la carta de Pablo a los efesios que contiene un buen consejo para resistir al enemigo cuando nos ataca. Si queremos seguir firmes cuando todo haya acabado, es necesario que nos pongamos TODA la armadura de Dios para poder lidiar con los dardos de fuego de estrés que se dirigen hacia nosotros desde todas partes.[3]

¿Sabes lo que es un nudista cristiano? ¡Es aquel que *sólo* se pone el yelmo de la salvación! También necesitamos el cinturón de la verdad, la coraza de justicia, el calzado de disposición para proclamar la paz de Dios y el escudo de la fe. Pero, sobre todo, es necesario que siempre confiemos en Dios por medio de la oración.

Hay una historia verdadera que cuenta de una anciana que amaba el Salmo 91, especialmente el versículo cuatro, que reza así: «Con sus plumas te cubrirá, y debajo de sus alas estarás seguro» (RVR). Cuando surgen dificultades, la mujer siempre dice para sí: «Estoy cubierta de plumas. Estoy cubierta de plumas».

Una noche la mujer caminaba por una calle oscura cuando se dio cuenta que la seguían dos hombres. Desde ambos lados se aproximaron a ella de un modo amenazante. Como lo hacía en su práctica devocional, empezó a orar en voz alta: «Estoy cubierta de plumas. Estoy cubierta de plumas».

Uno de los atacantes en potencia le dijo al otro: «Oye, hombre, ¡esta mujer está loca! ¡Vámonos de aquí!» Y los hombres huyeron sin llevar su bolso.[4]

Sí, la armadura de Dios puede ayudarte a superar todo tipo de estrés, pero existe otro elemento del equipo que acabo de descubrir. Se llama BOLSA PARA ESTRÉS. Creo que cada bolsa para estrés debiera ser personal y es por eso que elaboré mi propia lista de objetos para colocar en ella. Mantengo a mano mi bolsa para el estrés para traerme a la memoria formas de descansar en el Señor, disfrutar de la vida y aplicar, en un sentido práctico, ideales cruciales tales como la verdad, la fe y la justicia:

• **Una pequeña botella** para recordarme que Dios ha reunido todas mis lágrimas... Sabe todo acerca de mí (véase el Salmo 56.8).

- **Cinta adhesiva** para recordarme que un corazón roto puede ser remendado por medio del amor sanador de Dios.

- **Unas pequeñas tijeras** para recortar todas las cosas innecesarias de mi programa de actividades, las cuales son las principales responsables de mi estrés.

- **Un pañuelo** para recordarme que seque las lágrimas de alguna persona con una palabra, una nota o un abrazo.

- **Una calcomanía de parachoques preferida** o una tarjeta de saludo para hacerme recordar que ría... con frecuencia.

- **Un pedazo de tiza** para usar cuando suceda algo desagradable, para anotarle un punto a la experiencia.

- **Una piedrecilla** para recordarme que Dios es mi roca.

- **Un clavo** para recordarme que Jesús también debió sobrellevar estrés bastante intenso.

- **Una tachuela** para recordarme que no me siente sobre mis problemas.

- **Una espátula** para recordarme que siempre hay alguien que necesita amor y ayuda para poder ser despegado de ese cielorraso.

Esa es mi lista de objetos; tal vez quieras pensar en otros para tu bolsa de estrés. Lo importante es escoger los que te resulten a ti. Y cuando te parezca que tu situación es mala, trata de no revolcarte por mucho tiempo en el pozo ciego del «pobre de mí». Como me dijo hace poco uno de mis hijos:

BÁJATE DE ESA CRUZ...
¡NOS HACE FALTA LA MADERA!

Espanta espantos

A TODOS NOS TOCA SOPORTAR UN POCO DE LLUVIA... PERO QUÉ BIEN NOS VENDRÍA QUE NEVARA MENOS.[5]

He aprendido a aceptar el nacimiento y la muerte, pero a veces me sigo preocupando por lo que está entre ambos.
Ashleigh Brilliant, Disparo #92, ©1968.

EXISTE UN MÉTODO MARAVILLOSO PARA ALIVIAR
LA FATIGA PRODUCIDA POR EL EXCESO DE TRABAJO:
SE LLAMA «DESCANSO».
Ashleigh Brilliant, Disparo #2140, ©1981.

Cuando las cosas salgan mal, anímate; recuerda, siempre
existe la posibilidad de que salgan peor. Y, por supuesto, si
empeoran, le traerá una sonrisa al corazón recordar que
cuando se pone tan mala la situación, debe ser que pronto
va a mejorar.

EL AGUA TRANQUILA CORRE POR DEBAJO
CUANDO SE DESBORDA EL INODORO.[6]

Resulta ventajoso tener cruces grandes, pues nos enseñan a
soportar con calma las pequeñas.

INTENTÉ RELAJARME, PERO NO SÉ...
ME SIENTO MÁS CÓMODO ESTANDO TENSO.

Dios nunca te conducirá adonde su fortaleza no pueda
ayudarte.

¡Lo ves! No te olvidaré... En las palmas de las manos te
tengo esculpida (Isaías 49.16).[7]

3

Sé que un poco de sufrimiento es bueno para el alma, ¡pero alguien debe estar tratando de convertirme en santo!

Una preciosa mamá que forma parte de nuestros grupos de apoyo me dijo una vez: «Los Ministerios Espátula están compuestos de un conjunto muy elitista. ¡Se trata de un club donde no muchos están dispuestos a pagar la cuota de inscripción para ser miembros!»

Sonrió al decirlo y yo le devolví la sonrisa sabiendo que tenía razón. El sufrimiento es la cuota de inscripción para convertirse en un «espatulandero». Tarde o temprano, todos acabamos teniendo que realizar «tareas de pena».

La comprensión de la pena requiere un proceso complicado. ¿Por qué algunas personas se recuperan después de sufrir una pérdida terrible, mientras que otras no? Los que se mejoran *han realizado sus tareas de pena*; los que no, entran en una especie de negación... negando que haya sucedido, sin tener la disposición de enfrentarse al dolor de tener que atravesar el período de pena.

Las tareas de pena nunca son fáciles, nunca son divertidas. Pero a la larga aprendemos que no importa cuán grande sea el dolor en cierto momento, volveremos a andar... e incluso volveremos a REÍR. Comprenderemos que Dios no nos ha olvidado y le oiremos decir: «Pues conozco los planes que para ustedes tengo[...] Son planes de bien y no de mal, para darles un futuro y esperanza» (Jeremías 29.11, La Biblia al día).

La negación no es una solución

Si vas a sobrevivir a cualquier trauma, lo primero que deberás hacer es enfrentarte a él. Cuando la realidad se vuelve demasiado dolorosa, solemos tratar de huir a una tierra del nunca jamás llamada NEGACIÓN, ¡lo cual no es una solución! En lugar de eso, la negación es como un espejismo en el desierto. Como dijo el sicoterapeuta Karl Jung:

TODA NEUROSIS REEMPLAZA AL
SUFRIMIENTO LEGÍTIMO.

No existe forma de rondar el sufrimiento. Es necesario que lo atravesemos para llegar al otro lado. No podemos negar el impacto del GOLPE que nos ha pegado. Muchos niegan su dolor. Intentan enterrarse escapando de todos y de todo. O buscan distracciones que puedan ayudarlos a aturdir sus sentimientos. Niegan sus emociones reales pensando que este ATURDIMIENTO será una vía de escape de sus heridas.

Pero toda esta negación no te ayuda a sentirte mejor. El proceso de pena es como una balsa salvavidas, y si uno niega su pena es como saltar de la balsa a un cardumen de tiburones hambrientos. Si no te enfrentas a tu pena hasta resolverla, te comerá vivo. Esta carta de una mamá pone todo esto en perspectiva:

Este mes es en cierto modo una celebración... pero permíteme que te explique:

1. Estoy viva y bien. Los dolores de espalda han disminuido.

2. La nube negra se levantó hace bastante tiempo. Me aseguro de llorar cuando siento la necesidad de hacerlo. El hecho de tener al día la «cuota de llanto» ayuda a mantener el cuerpo en estado saludable... los ojos enrojecidos sólo duran un tiempo breve.

3. Puedo recorrer distancias a muchos kilómetros de mi casa ahora que ya no siento que el mundo se cierra sobre mí.

4. Hace exactamente un año que mi hija única me dijo: «Mamá, soy lesbiana».

Enumeré los aspectos anteriores en orden inverso porque todos los que nos arrastramos por el «pantano de la desesperación» necesitamos saber una vez tras otra... que los días más oscuros pueden convertirse en tiempos más resplandecientes, y por cierto que así sucederá.

Las personas de verdad SÍ lloran

La pena siempre empieza con un estado de SHOCK. Muere un ser querido o un buen amigo y decimos: «¡Ah, no, María no!» Queremos negar el dolor, pero no podemos sanar lo que no podemos sentir. Así que, la regla número 1 es dejar de

Adaptado de Ashleigh Brilliant, Disparo #2323 ©1981.

decir: «NO siento dolor». SÍ sientes dolor, y el dolor provoca sentimientos de enojo, culpa y remordimiento. Todo esto produce pena. En lugar de negarlo, encáralo y admite que estás experimentando dolor. *Cuanto antes lidies con tu sentimiento de dolor, más pronto pasará.*

No existe un tiempo establecido de resolución de la pena. Tu tiempo de pena depende del voltaje de la relación que tenías con la persona que perdiste, o la importancia del sueño que no llegó a realizarse. No dejes de penar por tus sueños truncos. Sufre por las expectativas que no llegaron a cumplirse por causa de ese hijo que te ha desilusionado de manera tan atroz. Aflígete por cualquier fracaso por el que te sientas culpable. Tenemos numerosos motivos para sentirnos incapaces, pero hay buenas noticias: *No es necesario que seamos perfectos para recibir el amor y el perdón de Dios.*

Mi mejor consejo para las personas que sufren pena es algo que quizás parezca contradictorio, pero a mí me ha dado resultado... muchas veces:

PARA SOBREVIVIR, PERMANECE EN EL DOLOR.

En otras palabras, permítete experimentar tus emociones. Trata con tu ansiedad, tu depresión o tu enojo teniendo disposición de buscar ayuda. Las personas que se basan en su vergüenza sienten que no tienen el derecho de pedir ayuda. He aquí una oportunidad de permitir que otro te ame. Sé indefenso y permite que otros te ayuden. Esto aporta gran sanidad.

Las mujeres casi siempre pueden «permanecer en el dolor» mejor que los hombres. Al crecer los niños, no se les permite ser emocionales como lo son las niñas. A menudo, un hombre necesita llorar, pero no logra aflojarse para permitir que esto suceda. No expresa su dolor porque cree que «los hombres de verdad no lloran». Las generaciones más jóvenes finalmente están aprendiendo que este concepto de un «hombre de verdad» no es realista, pero los viejos hábitos son difíciles de vencer. En nuestro trabajo con los Ministerios Espátula, encontramos que son las madres las que se abren y derraman lágrimas mientras que los padres tratan de permanecer estoicos e «inconmovibles».

Pero en un tiempo u otro, *todos* lloran. El Antiguo Testamento nos dice que David lloró en varias ocasiones.[1] Jesús lloró cuando se enteró que su buen amigo Lázaro había muerto.[2] Con gran compasión, Cristo también lloró por la ciudad de Jerusalén y sus habitantes.[3]

A través de los años, los investigadores han ido aprendiendo que las personas que lloran con frecuencia gozan de mejor salud en general. Parece que las personas saludables ven las lágrimas como algo positivo mientras que los que están plagados de varias enfermedades ven las lágrimas como algo innecesario, incluso humillante.

A los estudiantes de medicina y aun a médicos que ya practican, se les insta a que no administren tranquilizantes a los pacientes que lloran, sino a permitir que las lágrimas lleven a cabo su labor terapéutica. La risa y las lágrimas son remedios naturales. Ambas nos permiten reducir el estrés y dejar escapar nuestros sentimientos negativos para que podamos recargarnos. Las lágrimas son uno de los mejores recursos naturales del cuerpo.

A pesar de que la ciencia moderna no llegó a reconocer plenamente el valor de las lágrimas hasta hace muy poco, los poetas siempre han sabido intuitivamente que el llanto es beneficioso. Como lo dijo Shakespeare:

LLORAR EQUIVALE A DISMINUIR
LA PROFUNDIDAD DE LA PENA.[4]

Alfred, Lord Tennyson escribió una vez acerca de una mujer que se había enterado de la muerte de su esposo. «Ella debe llorar», escribió Tennyson, «o morirá».[5]

Antigua Gloria* hace brotar las lágrimas en los ojos de Bill

La mayoría de nosotros derrama lágrimas con mayor frecuencia de la que deseamos admitir. Leí en alguna parte que la tristeza es responsable del 49% del llanto; la felicidad, el 21%; y el 30% restante se debe a otras emociones tales como enojo, temor y sentirse identificado con alguna situación. Las

---

* N. del T.: Antigua Gloria es un nombre que le dan a la bandera de los EE.UU.

lágrimas reflejan nuestra humanidad misma. El ejecutivo de empuje y éxito rompe en lágrimas al leer acerca de personas desamparadas mientras viaja en subterráneo. El poderoso abogado llora al escuchar un concierto de Mozart.

Y cada *Memorial Day* [Día de conmemoración]*, nunca falla. Cuando se despliegan las banderas y las bandas ejecutan los cantos patrióticos, Bill se seca una lágrima o dos de los ojos. Prácticamente puedo sentir el nudo de patriotismo en su garganta.

Si has sufrido una profunda pena y descubres que no puedes llorar, tal vez necesites la ayuda de un consejero profesional. Una monja que leyó *Ponte una flor*, que de algún modo llegó hasta su convento, me escribió para contarme que había sido un miembro de la orden católicorromana durante treinta años. Su madre murió trágicamente en un accidente el mismo día en que la llevaba para que entrase al convento. La monja admite: «Han pasado treinta años y apenas he comenzado a tratar con la realidad de su muerte».

Su carta sigue diciendo que a ella la culparon de la muerte de su madre... si ella no hubiese hecho planes de entrar al convento, el viaje nunca se habría llevado a cabo y el accidente no habría sucedido. «Durante los dos últimos años, he buscado ayuda de alguna persona. Me ha llevado treinta años llorar», escribió ella.

A veces nos preguntamos exactamente cuánto llanto debe controlarse. La mejor respuesta es que las lágrimas no debieran controlarse tanto como debieran PERMITIRSE. Un hombre llevó raudo a su hija a un hospital local después que ella sufrió una mala caída. Las lágrimas se derramaban por las mejillas del padre y el doctor de la sala de emergencia le ordenó que dejase de llorar. Quizás el llanto del padre ponía nervioso al doctor; no estoy segura. Pero sin duda este estaba equivocado. La mayoría de las personas se beneficiarían de llorar más a menudo, en particular cuando están bajo gran estrés.

Quizás la mejor descripción de lágrimas saludables proviene del cuento de Charles Dickens, *Oliverio Twist*. El Sr. Bumble es un personaje bastante menos que amable, pero tiene la idea

---

* N. del T.: Fecha patria en EE.UU. en la que se recuerda a los caídos por la Patria.

correcta cuando declara que el llanto: «abre los pulmones, lava el rostro, ejercita los ojos y suaviza el carácter».

Así que, llora con ganas. Loretta Young, una actriz a quien se le pagaba por «llorar a pedido», demostró que sabía de verdad algo acerca de las lágrimas cuando dijo:

> LAS LÁGRIMAS DERRETIRÁN EL CORAZÓN
> QUE ESTÁ CONGELADO DE PENA.

Dos marinos me hicieron esa temida llamada

Los lectores de *Love Line* [Línea de amor], como también de mis otros libros, saben que divido el proceso de pena en tres etapas: 1. PÁNICO Y SHOCK, 2. SUFRIMIENTO, y 3. RECUPERACIÓN. Otra herramienta que utilizo para ayudar a las personas a resolver la pena es una hoja de papel donde se enumeran los pasos necesarios para lidiar con el dolor: AGITARSE, ARDER, AÑORAR, APRENDER y, finalmente, ENTREGAR.

He pasado por estos pasos varias veces. Grabado en mi memoria hay un cuadro de un día caluroso de julio cuando un automóvil del personal militar se detuvo frente a nuestra casa. Eran aproximadamente las dos de la tarde, Bill estaba en el trabajo y yo estaba sola en casa. La escena que se desarrolló al parecer es lo que sólo le sucede a otras personas o en las películas. Dos jóvenes vestidos de uniforme de marina golpearon mi puerta. Al instante de verlos, supe lo que me venían a comunicar. Nuestro hijo, que había estado en terrible peligro durante los últimos meses, ya no lo estaba.

Con calma y suavidad, un teniente explicó que toda la unidad de Steven había sido eliminada en una batalla próxima a Da Nang. El cuerpo de Steve sería embarcado a casa en diez días. Se hallaba en camino un telegrama que contenía mayor información. No recuerdo mucho más de lo que se dijo. Lloré suavemente mientras escuchaba porciones de la información que sonaba tan irreal. SEGURAMENTE que se referían a otra persona. SEGURAMENTE que habían encontrado a algún OTRO MUCHACHO acostado boca abajo en ese arrozal.

Cuando los vecinos vieron el auto del personal de la marina

en nuestra casa, supieron lo sucedido. La noticia se extendió como consabido reguero de pólvora y hubo una seguidilla constante de amigos ante nuestra puerta. En esa época, éramos la única familia de la ciudad que había perdido un hijo en el conflicto de Vietnam. Intenté mantener mi ecuanimidad, pero las lágrimas no dejaban de brotar. Me temo que no me destaqué mucho como anfitriona ese día totalmente IRREAL.

«Este no puede ser Steven... ¡No PUEDE SER!»

En cierto modo, el shock inicial producido por las malas noticias es un almohadón que ayuda a absorber lo sucedido. Por un tiempo, uno no cree realmente que su ser querido ha muerto. Lo niega, insistiendo que fue otro el que murió. Sí, iban a enviar de regreso el cuerpo de algún muchacho, pero me dije a mí misma que cuando llegase, se sabría la verdad... se trataría de otro y de algún modo encontrarían con vida a Steven.

Así como dijeron los dos marinos, a los diez días nos llegó la llamada que nos informaba del arribo del cuerpo de Steven. Bill estaba trabajando, así que fui sola en auto hasta la casa fúnebre donde se me llevó hasta una habitación que contenía una caja herméticamente sellada. Podía ver a través de la tapa de vidrio, pero lo que vi ciertamente no era Steve. ¿Cómo podía esta figura oscura, edematizada, en uniforme de marina, ser nuestro hijo? Parecía ser alguien de otra raza.

El encargado de la funeraria me leyó algo de un papel oficial que había llegado junto con el cuerpo, explicando que Steve había permanecido boca abajo en un arrozal por espacio de tres días antes de ser hallado y de ahí su decoloración y la edematización del rostro. Pero no lo podía aceptar. Seguía insistiendo: «Este no puede ser Steven. ¡No PUEDE ser!»

Con paciencia, el hombre de la funeraria seguía intentando explicar lo sucedido. Finalmente, no quedaba nada por hacer excepto volver a casa, donde empezamos a preparar un servicio recordatorio para Steven. Decidimos asignarle al servicio un lema: «Seguro en los brazos de Jesús». Bill hizo imprimir un folleto con una foto de Steve en la tapa, una de sus últimas cartas en el interior y el plan de salvación en la contratapa.

Fue durante ese servicio recordatorio que pasé de shock y

negación a la siguiente etapa de la pena: sufrimiento. Junto a la tumba, un marino que tocaba el clarín ejecutó el réquiem, y otros marinos en uniforme de gala plegaron la bandera americana que había estado cubriendo el féretro de Steven y nos la presentaron.

Bill, que había sido un teniente comandante y piloto de guerra de la armada, estaba abrumado por el dolor, pero rehusó llorar durante el servicio recordatorio. Lo hizo más temprano en casa, sentado en el sillón, golpeando el brazo del mismo y murmurando: «¿CÓMO pudo suceder? Era tan JOVEN...» Para mí, las lágrimas eran una continua catarsis que ayudaban a remover mediante lavado mi negación. Mis lágrimas me ayudaron a enfrentarme al hecho de que Steven se había ido. Pero mientras penaba, todavía podía sentirme segura porque sabía que él estaba seguro en los brazos de Jesús. Steven era nuestro «depósito en el cielo» y me consolaban pensamientos semejantes a este:

LA MUERTE NO ES EXTINGUIR LA LUZ.
ES APAGAR LA LÁMPARA
POR CAUSA DE LA LLEGADA DEL AMANECER.

Cinco años más tarde volvería a suceder

¿Cómo imaginar siquiera en ese entonces que a cinco años de la *fecha exacta*, Bill y yo estaríamos en el mismo cementerio, aceptando otra bandera, que se nos presentaba en memoria de otro hijo?

Al igual que Steven, Tim murió en forma violenta, no en una guerra, sino por causa de un conductor ebrio en una solitaria carretera en el Yukón. Por dura que resultó la muerte de Steven, también fue una especie de alivio. Vivimos durante meses en medio de intensa expectativa, revisando cada mañana el diario para asegurarnos de que su nombre no figurara en la lista de desaparecidos o muertos. La muerte de Tim, sin embargo, fue totalmente diferente.

La tarde del 1º de agosto de 1973, Tim me había llamado (por cobrar, por supuesto) desde Whitehorse, en el territorio del Yukón en el noroeste de Canadá, mientras se dirigía a casa después de haber pasado el verano con su amigo, Ron, en

Alaska. Para mi sorpresa, empezó a contarme acerca de las cosas maravillosas que había estado haciendo Dios en su vida. Casi no podía dar crédito a mis oídos porque, a pesar de que Tim siempre había obrado de acuerdo con su crianza cristiana, no demostraba tener luz ni fuego ni entusiasmo. Ahora me hablaba por teléfono para decirme que tenía alegría en su andar y brillo en sus ojos y que estaría de regreso en cinco días para contarme acerca de lo sucedido ese verano en una iglesia a la que asistió en Anchorage.

Esa noche durante la cena, mientras le contaba al resto de la familia de la llamada de Tim, sonó el teléfono. Era la Real Policía Montada Canadiense para notificar que Tim y Ron habían muerto instantáneamente cuando un camión de tres toneladas, conducido por un adolescente ebrio, cruzó la línea central en las afueras de Whitehorse, aplastando el pequeño Volkswagen de Tim como si fuese papel de estraza.

Pasé por emociones idénticas a las que había experimentado al morir Steven. De nuevo me sumergí en shock y negación. Al principio me agité sintiendo algo así como un cuchillo en mi pecho. Más tarde ardí de enojo, protestándole a Dios por haber permitido que sucediese lo inimaginable. Se me arrebató OTRO hijo... OTRO depósito en el cielo... ¿no bastaba con UNO?

Otra vez las lágrimas fueron un bendito alivio para mí. No negué la muerte de Tim tanto como la de Steven, pero sí sentí un ardor más vehemente porque la muerte de Tim fue tan innecesaria, tan inmotivada, tan descuidada.

Enterramos a Tim el 12 de agosto de 1973, exactamente cinco años después de Steven. De nuevo, aceptamos una bandera americana, esta vez como obsequio de la Fuerza Aérea de los Estados Unidos y la Administración de Veteranos. (Tim sirvió un breve período en la Fuerza Aérea de los Estados Unidos antes de que se le diera una baja honorable por un problema médico no detectado cuando se le hiciera el examen físico.)

Entre los oradores presentes en el servicio recordatorio, al que asistieron varios cientos de personas, estaba uno de los pastores de la iglesia de Anchorage a la que asistieron Tim y Ron ese verano. Contó del cambio dinámico ocurrido en la vida de los muchachos y de cómo testificaron en público de ese cambio en un bautismo oficiado por él. Al escuchar, pensé: *Cómo desearía haber podido estar presente para escuchar a Tim contar de su fe y luego ver cómo era bautizado.*

Rumbo al norte... a Whitehorse y Anchorage

Dos meses más tarde, a mediados de octubre, Bill y yo viajamos hasta Whitehorse para buscar algunas de las pertenencias de Tim que se rescataron de su auto. También fuimos hasta el mismo sitio de la carretera desde donde él y Ron fueron conducidos hasta la presencia de Dios. Luego volamos a Anchorage para visitar la iglesia a la que asistieron durante todo ese verano.

Todos nos trataron con amabilidad, y una mujer que formaba parte del personal de la iglesia nos sirvió de guía en una visita al edificio que incluía una biblioteca de casetes donde había MILES de ellos en depósito sobre los estantes. Nos explicó que la iglesia graba cada reunión y que durante los largos inviernos de Alaska, cuando no hay mucho que hacer, la gente se entretiene escuchando casetes. Algunos no pueden asistir a la iglesia con regularidad, pero cuando sí logran llegar desde su sitio recóndito, a menudo se llevan a casa varios casetes. No sólo la iglesia graba todas las reuniones, sino que muchas personas traen sus propias grabadoras para grabar la música o la predicación. En Alaska les gusta decir que las personas no son ratas de biblioteca, ¡sino ratas de audio biblioteca!

Luego de ver todos estos casetes, pregunté lo que cualquier madre hubiese preguntado: «¿Tienen el casete de la noche del bautizo y testimonio de Tim?» Con tristeza dijo que lo lamentaba, pero que el culto de esa noche no se había grabado.

«¿Por qué no?», le pregunté. «¿Por qué no grabaron *ese* culto ya que todos los demás están grabados?»

Explicó que el hombre encargado de operar el equipo de grabación había sido bautizado esa noche y que ningún otro sabía apretar los botones.

Al volver a casa desde Alaska me sentía abatida... Dios sin duda me había negado. De las miles de cintas grabadas por esta iglesia, se perdió la noche que Tim dio su testimonio. ¿Cómo podía Dios ser tan injusto y cruel?

Volvimos a California y no regresé al cementerio en todo el otoño. A principios de diciembre mi madre, quien había estado impedida físicamente de asistir al servicio recordatorio de Tim, vino por avión a visitarnos para la temporada navideña. Deseaba visitar la tumba de Tim, así que fuimos en auto hasta el cementerio aunque era un día triste y caía una suave lluvia.

Al acercarnos caminando hasta la tumba, inspiré bruscamente al ver tierra recién removida en derredor de la lápida de Tim. Era obvio que se colocó unas pocas horas antes. No sé por qué se demoraron tanto tiempo desde el momento de su muerte hasta AHORA, para instalar esa lápida. Había nubes color gris perla en el cielo, caía una suave lluvia sobre su lápida y ahora... ¡había tierra recién removida!

En ese momento recordé cómo, varios años antes, había venido a este mismo cementerio con Tim para enseñarle a manejar. El cementerio era un sitio perfecto porque tenía carriles amplios y buenos lugares para practicar giros. Le enseñé yo misma porque esos eran los años en que Bill se recuperaba de las terribles heridas sufridas en un accidente.

Esos eran tiempos divertidos en los que Tim aguardaba con entusiasmo recibir su licencia de conducir. Recordé haber salido a buscar unos tacos para luego volver al cementerio donde nos sentamos sobre el césped y los comimos. Luego seguimos con las lecciones de manejar.

Lejos estaba de imaginar EN AQUEL ENTONCES que volvería a este MISMO cementerio, no para practicar entre las lápidas, sino para pararme entre dos de ellas: la de Tim y la de Steven.

De repente, los acontecimientos de agosto me volvieron como en una oleada: el shock, el dolor, la abrumadora sensación de ahogo o de asfixia. Mi madre y yo quedamos allí paradas y lloramos juntas, intentando encontrar consuelo bajo la lluvia fría y fina.

Una sorpresa de Nome

Dos días después, el 14 de diciembre, mi cumpleaños, llegó por correo un pequeño paquete. Carecía de remitente, pero el sello postal decía NOME, ALASKA. Abrí el paquete y no encontré carta ni esquela, sólo un casete bien gastado que parecía haber sido usado cien veces. Sintiendo curiosidad, metí el casete sin rotular dentro de nuestra casetera, ¡y en pocos segundos escuché la voz entusiasmada de Tim!

Me llamo Tim Johnson y soy el tercero del grupo que vino desde California. Es extraño, pues nos dirigíamos a América del Sur. No sé cómo acabamos aquí, pero... eh... el Señor obra en formas milagrosas. ¡Alabado sea el Señor! Me alegro que lo haya hecho.

Fui criado en un hogar cristiano y en escuelas cristianas, pero después de graduarme me separé y anduve por donde quise. En diciembre del año pasado, un amigo se sentó conmigo y me mostró el camino que en realidad nos conduce al Señor: *el verdadero camino*. Durante dos meses me mantuve en ascuas y luego caí en el camino.

A inicios de mi llegada a Alaska fue que empezaron a suceder cosas en mi vida. Desde entonces, tengo una sonrisa en el rostro y todos me miran como si antes hubiese sido un amargado. Pero ahora es simplemente diferente y me siento agradecido de estar hoy aquí. Gracias sean dadas a Dios.

Los sonidos que escuché a continuación eran del agua cuando sumergían a Tim bajo las aguas del bautismo. Al salir del agua, podía escuchar sus palabras triunfantes: «¡ALABADO SEA EL SEÑOR!»

Quedé atónita. Este era el muchacho que se avergonzaba si lo llevábamos a Knott's Berry Farm para su cumpleaños y le cantábamos. Este era el muchacho cuya idea de diversión era traer a casa moños de la casa funeraria donde trabajaba y atarlos a nuestras mascotas. Este era el muchacho al que teníamos que sobornar con un nuevo juego de neumáticos para que asistiese a conferencias bíblicas.

¡Esto decididamente se trataba de un MILAGRO!

La manera en que llegó el casete a nuestra casa también fue un milagro, y demuestra que Dios sí obra en formas milagrosas por medio de su pueblo. Más tarde supe por medio de la iglesia en Anchorage que uno de sus miembros, un piloto que sobrevuela la selva, había sabido de mi pedido de una grabación del culto de bautismo de Tim. No estoy segura de lo que hacen tales pilotos (supongo que andan con muchos rodeos), pero cuando dicho piloto andaba realizando sus múltiples viajes por el interior del territorio, empezó a preguntarle a la gente si había grabado el culto la noche en que fueron bautizados los muchachos.

Finalmente, encontró un pescador de Nome que visitó la iglesia esa noche y grabó la reunión. Ahora sé que Nome no es el fin del mundo, ¡pero estoy segura que desde allí se puede ver! El piloto le pidió al pescador que me enviase el casete a mi casa, lo cual hizo. Fue el mejor regalo de cumpleaños que pude haber pedido. Verdaderamente, fue mi CASETE MILAGROSO.

Ese casete se escuchó muchas veces durante esa temporada navideña. Las lágrimas me corrían por el rostro, pero eran lágrimas de gozo. De algún modo extraño, al escuchar la voz de Tim, se me hacía más fácil aceptar lo sucedido. Volví a ver que Dios se especializa en convertir en triunfo la tragedia y en gozo el dolor. Los problemas no desaparecerán porque pretendas que no existen. Tu extrema impotencia no se desvanecerá por arte de magia. Aceptar lo que sucede es un paso vital para asirse de esa soga en la oscuridad que se convierte en tu salvación. Y será necesario que te mantengas aferrado a esa soga, pues es probable que debas enfrentarte más de una vez a un enemigo insidioso que ataca a cualquiera que está pasando por el proceso de pena: DEPRESIÓN.

Larry causó una pena diferente y más profunda

Existen muchos grados de depresión, desde una leve tristeza a la depresión clínica severa, la cual necesita de ayuda profesional. Cuando Steve y Tim murieron, pasé por el proceso de pena con cantidades relativamente normales de depresión. Tenía días malos, pero nunca me sumergí en un período prolongado de desesperación ni llegué a sentirme por completo exhausta, como si me resultase imposible seguir viviendo (todas son señales típicas de una depresión severa).

Pero dos años después de la muerte de Tim, llegó ese sábado funesto en el que me enteré que Larry, nuestro hijo sobresaliente, destinado a triunfar (y en algunos aspectos el más perceptivo en lo espiritual), era homosexual. En lugar de experimentar una pena abrumadora, mi reacción inicial se pareció más a furia. Ataqué a Larry gritando: «¡Preferiría que mi hijo estuviese MUERTO y no que fuese homosexual!»

Peleamos, intercambiando golpes físicos y gritándonos palabras cáusticas. Al día siguiente Larry se fue y desapareció por un año sin siquiera ponerse en contacto con nosotros. Entré en una profunda depresión que duró varios meses. Esto fue algo que no experimenté con la muerte de Steve ni de Tim. Con la muerte viene por lo menos un cierre. Se pasa por pena, se pasa por shock, por negación y por sufrimiento, luego al fin se llega a un tiempo de recuperación cuando uno retoma su vida y sigue adelante. Pero aquí estaba mi hijo, metido en un estilo de vida que se me había enseñado era despreciable ante los ojos del Señor, y la recuperación tardó en venir.

Mi año de sufrimiento se describe en otros libros,[6] pero el consejo que deseo dar aquí es evitar un error común que se comete cuando uno se esfuerza en atravesar el túnel de la depresión: NO TE METAS EN AISLAMIENTO. Poco después que Larry se fue de casa, empecé a ver al Dr. Wells, un consejero cristiano que me dio muchos consejos prácticos. El problema era que me negaba a aceptar lo que él me decía.

Lo que deseaba que me dijese el Dr. Wells era que Larry podía COMPONERSE inmediatamente, que lo único que debíamos hacer era reclamar las promesas de las Escrituras y todo estaría bien. Pero su larga experiencia en consejería de homosexuales había probado que no era un asunto tan simple. Cualquier modificación del patrón de comportamiento de Larry, se produciría por decisión de él, no mía.

El Dr. Wells siguió dándome respuestas que no deseaba escuchar a preguntas que no quería formular. Porciones de versículos bíblicos pasaban constantemente por mi mente. Larry era cristiano y cualquiera que estaba en Cristo era una NUEVA CRIATURA. ¡Los cristianos no debían conformarse al mundo; podían ser TRANSFORMADOS por la renovación de sus mentes para que pudiesen hacer la perfecta voluntad de Dios!

Y así fue que me convertí en una paradoja. Salía para ver al Dr. Wells, pero casi no tenía contacto con ningún otro, incluso de mi familia. Física, emocional y espiritualmente me convertí en una reclusa, pasando la mayor parte de mi tiempo en un dormitorio del fondo, donde contaba las rosas del empapelado mientras me revolcaba en la autocompasión. La presión interior aumentó al punto de llegar al borde del suicidio, le eché un vistazo a lo que estaba más allá del borde y comprendí que matarme no era la solución.[7]

Más tarde, cuando nació Ministerios Espátula, pude ayudar a otros padres que estaban apresados bajo una profunda depresión. Aprendí un secreto que ojalá hubiese conocido durante ese año de aislamiento, en el que a depresión me mantuvo en un pozo negro de desesperación donde no podía sentir el consuelo y el amor de Dios.

Ahora sé que lo que necesitaba era el APOYO de otras personas que sabían lo que atravesaba. La elaboración de la pena debiera realizarse en una atmósfera de saludable dependencia. En lugar de estar aislado, es necesario que te cuiden, dependiendo saludablemente de otros para que te ayuden. No temas pedir ayuda de otros. Cuando estás penando, no puedes pensar. Permite que otro te ayude a tomar tus decisiones. Para la elaboración de la pena es que están los amigos. Recuerda:

CUANDO ESTÉS METIDO EN UN NUDO,
LOS BUENOS AMIGOS TE TRAERÁN TIJERAS.

El correo me trajo una carta de una mamá cuyo hijo tiene quince años y «sabe todo». Se fue de la casa, desapareciendo por varios meses, volvió para volver a partir. Ahora decide ignorar a su familia, que sigue orando por él diariamente, sin saber dónde se encuentra. La madre escribió:

No me había dado cuenta cuánto tiempo hacía que no sonreía… Gracias por tu apoyo. Leí *Ponte una flor en el pelo*, y evitó que me cayera por el barranco. Luego, cuando te escribí, me respondiste. Eso me dejó anonadada… Al saber que alguien realmente se interesa en mí significa mucho. Me he encontrado con unas cuantas personas de la iglesia que nunca han leído la lista de lo que NO se debe decir cuando sufre un amigo. Sería de gran ayuda que otros se guardaran para sí algunas de sus declaraciones. Si una persona más me dice: «Ora, Dios puede hacer cualquier cosa», voy a gritar.

Cartas como esta me producen una mezcla de emociones.

Me alegra escuchar que un libro como *Ponte una flor* pueda alcanzar y ayudar a padres que sufren. Al mismo tiempo, sin embargo, la hoja impresa sólo puede brindar ayuda hasta cierto punto. Cuando uno sufre, en algún momento *siente necesidad de alguien de carne y hueso*... otra persona con la cual hablar, comunicarse, llorar e incluso hasta reír un poco. Necesitas personas que puedan aportarte el equivalente sicológico de vaselina porque saben en qué tipo de aprieto te encuentras y desean ayudarte a SALIR de él.

Valoro mucho una carta que me enviara una mamá que estuvo penando sola por mucho tiempo debido a la pérdida de su hijo, sin recibir ayuda alguna de su marido, el cual se quedó encerrado en su propio ropero de dolor. Escribió así:

> Cuando me dijiste que me extendiese para ayudar a otro necesitado, lo hice y... ¡DIO RESULTADO! No podemos sobrevivir a solas; diluimos nuestro dolor al contárselo a otros. Cuando intenté superar esto por mi cuenta no dio resultado. Te agradezco por animarme a ponerme en contacto con una red de personas y volcar mi energía y amor sobre alguien más. Todo esto ME ha ayudado a superar algo que creí insuperable. Pero SÍ es cierto que nos necesitamos unos a otros para encontrar las respuestas.

Por cierto que sí. Sea cual fuere tu problema, busca un grupo de apoyo.[8] Hoy en día los hay para alcohólicos, drogadictos, adictos al trabajo, personas con alteraciones alimentarias, casi cualquier problema imaginable. En sus inicios, los grupos de apoyo Espátula se enfocaban específicamente a padres cristianos cuyos hijos son homosexuales. Hoy en día incluimos también a padres cuyos hijos han muerto, se han metido en problemas con la ley o se enfrentan a otras dificultades. Nuestra meta en Espátula es la misma que cualquier otro esfuerzo de apoyo: proveer un ambiente agradable para que puedan reunirse personas que sufren y lograr sanar sus heridas.

Cuando tratamos una herida física, es necesario limpiarla con antiséptico. Luego es posible que requiera algunos puntos y un vendaje estéril para mantenerla limpia. Después hace falta tiempo para que la herida sane. Las heridas emocionales se tratan de una manera semejante. Para limpiar nuestras heridas es necesario que nos examinemos para evaluar la naturaleza del dolor que sentimos. Es necesario que hablemos acerca de nuestros sentimientos y ventilemos... ventilemos... VENTILEMOS. Uno de los lemas que tenemos en Espátula es:

LA FRANQUEZA ES A LA SALUD
LO QUE LOS SECRETOS SON A LA ENFERMEDAD.

Las lágrimas que derramé por Steven, Tim y Larry se combinaron para ayudarme a aceptar la verdad de que Dios a menudo permite que nuestros corazones sean quebrantados para embellecer nuestras vidas. Es posible que las inundaciones de adversidad nos cubran, pero sólo para que pueda brillar sobre nosotros la luz de su presencia. Tal como escribiera Charles Fox:

LAS AGUAS OSCURAS SE TORNAN BLANCAS AL
ROMPERSE,
LAS ALMAS ELEVADAS SE FORJAN AL DESHACERSE.

Fox quiso decir que en cuanto las olas del océano se rompen formando espuma, el oxígeno puede causar que las olas reflejen la gloria de la luz solar. ¿Te encuentras sumido en una gran tormenta de aflicción? ¿Se han astillado tus sueños más preciados? Recuerda, Dios tiene un propósito al permitir esto. Él decide formarnos a partir del quebrantamiento de una vida que refleje su gloria. Somos como vitrales. Carecemos de luz, pero cuando la luz del «HIJO» nos ilumina, brillamos y resplandecemos. Cuando invade la oscuridad, nuestra verdadera belleza se revela únicamente si en nuestro interior hay una luz verdadera. Y recuerda:

¡SI NO HUBIESE PENA QUE NOS EXCAVE EL CORAZÓN,
NO HABRíA SITIO PARA EL GOZO!

Espanta espantos

LA EXPERIENCIA ES LO QUE OBTIENES
CUANDO BUSCAS OTRA COSA.

Lo importante no es lo que te acontece;
sino tu forma de lidiar con los acontecimientos.

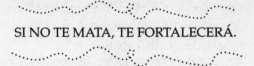

SI NO TE MATA, TE FORTALECERÁ.

Cosas que NO debes hacer cuando te sientas melancólico:
No te peses.
No mires películas tristes.
No te acerques a una chocolatería.
No mires la cuenta de tu tarjeta de crédito.
No vayas a comprarte un nuevo traje de baño.

¿QUÉ OTRA COSA NECESITO?
¿JUNTAR LOS PEDAZOS,
O LANZAR MIS CUITAS AL VIENTO?
Ashleigh Brilliant, Disparo #4600 ©1988.

Hay muchas lágrimas en el corazón
que nunca llegan a los ojos.

MUERTE REPENTINA ES GLORIA REPENTINA...
Grabado en la lápida de un hijo amado:

«NO SE HA IDO... SÓLO SE HA ADELANTADO».

Sé que las cosas son difíciles ahora, pero recuerda... ¡toda flor
que llegó a abrirse debió soportar mucha tierra para llegar a
donde está!

CUANDO LA VIDA PRODUCE DEMASIADA PRESIÓN,
LAS LÁGRIMAS SON LAS VÁLVULAS DE SEGURIDAD DEL
CORAZÓN.

Si no se me aclara pronto el sentido de mi vida,
es posible que deba solicitar una extensión.
Ashleigh Brilliant, Disparo #4705 ©1988.

De la correspondencia de Espátula:
Te estoy eternamente agradecida por tus libros, por la risa (no he perdido mi sentido del humor... mi situación es demasiado disparatada para hacer otra cosa que reír), y por tus oraciones. Por favor nómbrame alguna vez cuando viajes por mi zona del país en tu bicicleta de ejercicio de tu Cuarto de gozo.[9]

ÉL NOS LAVA LOS OJOS CON LÁGRIMAS PARA QUE PODAMOS VER.[10]

Me has visto retorcerme en la cama toda la noche. Has recogido todas mis lágrimas y las has guardado en un frasco. Has hecho que en tu libro conste cada una de ellas (Salmo 56.8, La Biblia al día).

4

Ayer es experiencia... mañana es esperanza... hoy es pasar de una a otra

Muchos estamos familiarizados con el dicho de Erma Bombeck: «La culpa es un regalo que no deja de darse».

Como he elaborado mi pena y he ayudado a otros con las suyas, he aprendido que hay un «regalo adicional» que viene con la culpa: se le llama REMORDIMIENTO, y tampoco deja de darse, si es que tú se lo permites.

Es más, resulta difícil determinar si el remordimiento es el que desemboca en la culpa o si sucede al revés. Es una de esas cuestiones gallina/huevo que carecen de importancia. Cuando golpea la tragedia, lidiar con la culpa y con el remordimiento forma parte de tu elaboración de la pena.

Quizás en todo el mundo no exista nadie que sea más susceptible a sentirse culpable que una madre. A menudo hablo con madres cuyos hijos se han muerto o se han perdido en un estilo de vida pecaminoso o peligroso. En muchos casos, han perdido su gozo debido a sentimientos de culpa. *Si al menos* hubiesen hecho esto o aquello... *si al menos* hubiesen sido mejores madres, su hijo habría terminado bien.

Según dijo la mamá de un hijo rebelde: «He intentado muchas veces "Entregar todo al Señor", y creí haberlo logrado, pero supongo que sigo haciendo lo mismo que tú hacías, porque volvía a levantar la carga yo misma. Guardo un gran sentido de culpa por todo esto y vivo preguntándome: "¿Qué fue lo que hice mal?"»

Como tantas otras madres cristianas, esta conoce la enseñanza central del cristianismo: La sangre de Jesucristo cubre nuestros pecados. En lo que a Él respecta, no importa LO que hayamos hecho, ya no lo puede ver. Nos limpia y perdona. Si verdaderamente creemos que nuestros pecados son perdonados, podemos seguir adelante con la vida y experimentar el gozo del perdón de Dios.

¿Por qué, entonces, a tantas de nosotras nos siguen limitando los sentimientos de culpa? Si nuestra culpa es real, quizás nunca hemos tratado con ella. Debemos ser sinceras con Dios acerca de lo que hemos hecho mal. Debemos confesar nuestros fracasos y aceptar nuestras debilidades... reconociendo que no somos perfectas. (Para algunas personas, esto resulta más difícil de lo que puedas imaginar.)

Una vez que hayamos reconocido nuestros fracasos, debemos entregarlos TODOS a Dios. Entonces podemos extendernos y aceptar su perdón limpiador. La Biblia es muy clara al decir lo que muchos sabemos desde la infancia: «Si confesamos nuestros pecados, Él es fiel y justo para perdonar nuestros pecados, y limpiarnos de toda maldad» (1 Juan 1.9). En este conocido versículo se encuentra la áurea garantía de limpieza y perdón de Dios, pero al parecer hay muchos que no lo creen. Piensan que su pecado es demasiado grande o sus fracasos demasiado severos. Me dicen: «Simplemente no soy digno del perdón de Dios».

Mi respuesta a eso es que ninguno de nosotros somos dignos, pero sí aptos. Este pequeño verso de mi amiga, Ruth Harms Calkin, lo dice muy bien:

«Querido Dios: He pecado contra el cielo y contra ti.
Ya no soy digno de ser llamado tu hijo».

«Hijo mío, lo sé, lo sé...
pero mi Hijo es siempre digno de ser llamado tu Salvador».[1]

Sus palabras me traen a la memoria uno de mis acertijos preferidos:
¿QUÉ COSA PUEDE SER MÁS BLANCA QUE LA NIEVE Y MÁS PROFUNDA QUE EL MAR?

Respuesta:

MIS PECADOS, LOS CUALES CRISTO HACE MÁS BLANCOS
QUE LA NIEVE MEDIANTE SU AMOR QUE ES MUCHO
MÁS PROFUNDO QUE EL MAR.

Los sentimientos de culpa engendran más sentimientos de culpa

Algunas personas pueden leer todo esto y luego decir: «Bárbara, sé que tienes razón. Lo he escuchado desde que era niño. ¡Pero sigo sintiéndome culpable y eso hace que me sienta MÁS culpable aún!»

Si no puedes deshacerte de los sentimientos de culpa, puedes intentar separar lo verdadero de lo falso. Muchas personas llevan pesadas cargas de culpa falsa, pensando que han fracasado cuando en realidad no es así. Vuelvo a repetir, las mamás sufren más de los sentimientos de culpa. Quieren hacerse responsables de todo lo que sus hijos han hecho, y cuando toman un rumbo equivocado por decisión propia, mamá sigue pensando: «Sin duda debe haber sido culpa MÍA».

Así que, ¿cómo separamos la culpa real de la falsa? A veces resulta sencillo; en otras resulta difícil, pero a lo mejor te gustaría probar esta solución: «¿Por qué no entregar TODA tu culpa a Jesús, la real y la falsa? Permite que Él las separe y haga los juicios finales. Permítele decidir lo que es real en las zonas grises de tu vida, donde las respuestas no se presentan en forma simple en blanco y negro.

Verás, la buena noticia es que a Jesús lo clavaron en una cruz para que pudieras dejar de clavarte tú a la cruz... de la culpa sea real *o* falsa. ¡Acepta su perdón y de aquí en adelante llevarás una vida libre de culpa! La siguiente carta es un ejemplo perfecto de una mamá que desea confiar en Dios, pero al parecer no logra quitarse de encima su pesada carga de culpa:

Siento *tanta* culpa por mi pasada vida adulta (ahora tengo cincuenta y dos años), que a veces casi no puedo llevar mi carga. Pero cuando leo *Línea de amor* o cierto pasaje de la Biblia, se me recuerda con suavidad que ya no es necesario que siga llevando esa carga. Me siento bien por un tiempo, pero antes de darme cuenta, he vuelto a fijar a mi espalda toda esa culpa.

¡Ay, Barbarita, es tan pesada! A veces, aunque no siempre, temo que mi preciosa hija siga mis huellas. En cierto modo ya lo ha hecho. Pero debo dejar de quejarme y dar gloria y alabanza. Dios obró un milagro en su vida y finalmente ha acabado un programa de preparación técnica (a la edad de 30).

A veces me pregunto por qué tuve una hija. Nunca he sido una buena madre. Cuando era pequeña yo era adicta a las drogas, y vivo en constante temor de que ella pudiera tomar ese camino. Cualquier cosa buena que pueda ser hoy se debe a que mi maravillosa madre la crió durante esos años.

Sé que Jesús murió por mis pecados, pero me resulta difícil de aceptar. Hoy soy una cristiana libre de drogas y estoy muy agradecida por ello. Pero no soy una cristiana libre de culpa.

Lo que quiere decir esta querida mamá es que no se *siente* libre de culpa. Si verdaderamente confía en Cristo, sus pecados de los años de las drogas han sido limpiados. Lo que sigue sintiendo son esas dudas persistentes producidas por la falsa culpa y quizás tiene también muchos remordimientos. Sabemos que la culpa y el remordimiento van de la mano. Son hermanas que me han enseñado una valiosa lección:

EL TIEMPO QUE PASES RUMIANDO TUS PROBLEMAS, SÓLO TE PRODUCIRÁ DESESPERACIÓN.

Conozco lo que es sentir remordimiento

Cuando miro en retrospección las tragedias que provocaron tanta aflicción en nuestra familia, recuerdo mis frecuentes sesiones de lucha con las punzadas de remordimiento. Cuando Bill sufrió un accidente en un aislado camino de montaña dejándolo inválido, sentí remordimiento por no haber ido con él en lugar de ir después con los muchachos en nuestro otro auto. Nos habíamos ofrecido para ayudar como consejeros voluntarios para el grupo juvenil ese fin de semana, y yo había hecho el viaje subiendo la montaña más temprano ese día a fin de ayudar en la preparación del centro de retiros. Cuando bajaba, noté que unas cuadrillas de construcción habían llevado a cabo unas reparaciones en el camino y habían dejado algunos escombros desparramados por el lugar. Supuse que los obreros despejarían el lugar antes de partir esa noche y no le di importancia... hasta después de encontrar a Bill en un charco de sangre y vidrios rotos varias horas más tarde.

De algún modo, Bill se recuperó... no, no fue «de algún modo», Dios lo sanó después que los doctores dijeran que quedaría ciego y sería como un vegetal durante el resto de su vida, la cual, según ellos, no superaría los cinco años. Pero sólo dos años más tarde volví a sentir la amarga angustia del remordimiento después de aceptar firmar los papeles necesarios para permitir que Steven entrase antes de cumplir los dieciocho años en la Marina. En ese momento lo justifiqué, diciendo: «De todos modos en unos meses más deberá ir, así que, ¿por qué no permitirle que se aliste ahora junto con todos sus amigos? Además, la guerra va de pasada y nunca llegará a participar de la acción».

Pero después del alistamiento de Steven, la guerra volvió a intensificarse y al fin y al cabo Steven debió ir a Vietnam. Cuando nos llegó la noticia de su muerte en acción, los demonios del remordimiento me carcomían la mente. ¿POR QUÉ había firmado ese papel? No dejaba de pensar que su muerte era MI culpa por haberle permitido que se uniese antes al servicio, para acabar con su entrenamiento, y ser enviado a Vietnam donde acabó en ese campo de batalla en particular cercano a Da Nang el 28 de julio de 1968.

Cinco años más tarde, cuando un conductor ebrio ocasiona la muerte de Tim que venía de regreso a casa desde Alaska, me volvió a atacar el remordimiento. En nuestra conversación había sugerido que embarcase su pequeño Volkswagen para que pudiese regresar a casa en avión. Era algo extravagante, quizás lo que sólo a una madre se le ocurriría, y Tim, riendo, no la tomó en cuenta porque no tenía idea siquiera de cómo embarcar un auto desde el remoto Yukón.

Más tarde, después de enterrar nuestro segundo depósito en el cielo, recordé esa conversación. Me intranquilizó la idea de que Tim condujese ese pequeño Volkswagen a través de esos miles de kilómetros durante un viaje de cinco días. Si al menos hubiese insistido en que viajase a casa en avión. Lo repasé una y otra vez en mi mente, pensando en lo barato que hubiese resultado pagar el flete de su auto en barco, comparado con el hecho de que Tim pagase con su vida.

Pasaron dos años más y volvió a apuñalarme la angustia del remordimiento debido a la manera en que le respondí a Larry al enterarme de que era homosexual. Mi furia autojustificada lo alejó de nuestro hogar. Sentí remordimiento por mi enojo, que con el tiempo se adentró convirtiéndose en depresión.

A través de los años he logrado resolver todos estos remordimientos, sintiendo de vez en cuando una punzada, pero el aguijón está romo. He aprendido que el remordimiento es el dolor que sentimos cuando comparamos lo que ES con lo que PUDIERA HABER SIDO. El remordimiento es uno de los sentimientos más universales porque todos, en un momento u otro, sufrimos aguijoneos de conciencia debido a lo que hemos hecho o dejado de hacer.

No podemos escapar de los remordimientos del mismo modo que no podemos escapar del dolor. Por cada decisión que tomamos, echamos a un lado otra multitud de alternativas, y eso a menudo nos deja expuestos a sentimientos de remordimiento. ¿Por qué no tomamos OTRAS decisiones? No lo sabemos, pero ahora desearíamos haberlo hecho.

Las palabras preferidas del remordimiento son: «Si al menos» y «¿Qué habría sucedido si?» *Si al menos* hubiese recordado comentarle a Bill que estaban trabajando en el camino de montaña y que por lo tanto tuviera especial precaución. *¿Qué habría sucedido si* no hubiese firmado los papeles autorizando a Steven para que entrase en la Marina antes de cumplir la edad requerida? *Si al menos* hubiese de algún modo convencido a Tim para que enviase su auto por barco y regresase a casa en avión. *¿Qué habría sucedido si* hubiese sido más amable en lugar de enojarme cuando me enteré que Larry era homosexual?

¿De qué manera habrían sido diferentes nuestras vidas *si al menos* todos mis «qué habría sucedido si» no hubiesen ocurrido?

No participes del juego de la autocondenación

Cuando uno vive pensando en los «si al menos» y los «¿qué habría sucedido si?», participa en el juego de la autocondenación. La autocondenación por el pasado conduce a la depresión en el presente y a decisiones malas en el futuro. Para resolver con eficacia tus remordimientos hace falta autocompasión, no autocondenación.

«Resolver» no significa disculparnos por nuestras fallas. Sí significa perdonarnos mediante una evaluación realista del pasado, reconociendo nuestras limitaciones y aceptando el perdón de Dios para luego seguir adelante. Se ha dicho que:

NOS CRUCIFICAMOS ENTRE DOS LADRONES: REMORDIMIENTO POR EL AYER Y TEMOR POR LO QUE HA DE VENIR MAÑANA.

El remordimiento es un motivo clave para que los días festivos produzcan estrés debido a muchos recuerdos tristes. El cumpleaños de un ser querido, un aniversario de bodas y especialmente la Navidad centran nuestra atención en la diferencia entre lo que fue, lo que pudo haber sido y lo que es una realidad para nosotros en la actualidad.

No puedes cambiar el pasado, pero puedes controlar tu propia actitud. ¿Qué importa si tomaste una decisión equivocada? No es necesario que te revuelques por siempre en la culpa. Un examen del remordimiento puede ayudarnos a comprender nuestros valores y a saber por qué sentimos desdicha ante el pasado. Nos puede construir un puente hacia un futuro mejor. A través de los años he aprendido unas cuantas formas de ENCAUZAR EL REMORDIMIENTO y convertirlo en una herramienta positiva para la salud. He aquí algunas de ellas:

1. Ponle un nuevo marco a tu perspectiva

Cuando los sentimientos de remordimiento se entrometan, trata de ver la situación bajo una luz diferente. No te abatas con pensamientos tales como: «No fui lo suficiente bueno o lo suficiente inteligente o lo suficiente sabio...» Permítete el beneficio de la duda y di: «Lo que tenía para ofrecer no fue apreciado... Hice lo mejor que pude... La próxima vez trataré de mejorar». Según dijo alguien:

NO ES UNA DESGRACIA FRACASAR, PERO ES UN PECADO NO HACER LO MEJOR QUE PUEDAS.

Es curioso cómo tu mente te hace jugarretas cuando estás

lidiando con la pena. Demoré mucho en comprender que mi permiso a Steven para entrar a la Marina antes de tiempo no fue lo que lo mató. En una guerra, es posible morir en cualquier momento, en cualquier lugar. Todo sucede de acuerdo al designio de Dios, no al nuestro.

Y lo mismo es verdad en el caso de Tim. Lamenté no haber INSISTIDO en que pagase el flete de su pequeño Volkswagen desde el Yukón y que regresase a casa en avión, pero obviamente, ¡Tim podría haberlo hecho para que el avión luego se estrellase! No podemos controlar estas cosas, y cuando sentimos la tentación de adivinar lo que hará el Señor, es bueno hacernos un chiste imaginando que acabamos de recibir un memorándum de Él que dice:

¡DESCANSA! NO ERES RESPONSABLE DE TODO LO QUE SUCEDE EN EL UNIVERSO. ESE TRABAJO TODAVÍA ME CORRESPONDE A MÍ.

Con amor, Dios

Una de las mejores maneras de ponerle un nuevo marco a tu perspectiva es sintonizando bien tu sentido del humor. El pasado se vuelve más fácil de soportar cuando lo miras a través del prisma del humor. Cuando me encontraba atravesando las tragedias que golpearon a nuestra familia, jamás me hubiera imaginado que estaría narrando estas partes dolorosas de mi vida de un modo humorístico, aportando risa y claridad a otros. Cuando tenemos la capacidad de reírnos de nosotros mismos, nos trae a la memoria que nadie es perfecto, lo cual hace que un mundo imperfecto, incluso cruel, resulte más fácil de soportar.

2. *Entrega la necesidad de tener siempre la razón*

Alguien dijo que tienes que escoger:

¿QUIERES TENER LA RAZÓN... O SER FELIZ?

No me refiero a comprometer tu integridad; me refiero a que no siempre te salgas con la tuya, permitiendo que otros tomen sus decisiones... por malas que sean esas decisiones.

Cuando Larry se fue, mi remordimiento por haberme enojado tanto con él me sumergió en una profunda depresión. Las cosas giraban fuera de mi control y me sentía impotente. A la larga comprendí que ceder el control no significa ceder mis principios; es más, no tener la necesidad de estar en control (tener la disposición de decir: «¡Lo que quieras, Señor!»), resulta ser una fuente de tremenda fortaleza.

Pero, al rendir la necesidad de tener siempre la razón, puedes ver la importancia de enmendar relaciones que han estado forzadas o incluso se han roto. Aun cuando lastime tu ego, la restauración de lo que se ha roto es una de las maneras más prácticas de lidiar con el remordimiento y la culpa. Juntos, Larry y yo descubrimos que:

EL MEJOR EJERCICIO PARA LOGRAR UNA BUENA
RELACIÓN ES DOBLEGARSE.

Según lo dijo la mamá de un hijo homosexual: «La lección más grande que estoy aprendiendo mediante todo este "asunto homosexual" es que el AMOR nunca debe detenerse. ¡Es muy valioso y hace más bien que cualquier otra cosa!» Ella tiene tanta razón y sus palabras me recuerdan una pequeña oración:

SEÑOR, CUANDO ESTÉ EQUIVOCADO,
HAZ QUE TENGA DISPOSICIÓN PARA CAMBIAR;
CUANDO TENGO RAZÓN, NO PERMITAS QUE ME
VUELVA INSOPORTABLE.

3. *Aprovecha las oportunidades de regar a otros*

Hacer algo positivo para otra persona es considerar en la práctica los sentimientos buenos sobre uno mismo. Los cínicos pueden decir que lo único que haces es «diluir tu culpa», pero las Escrituras tienen razón: «Al regar a otros, tú también eres regado».[2]

De modo que vive en el presente y saca el mayor provecho de tus oportunidades de disfrutar a tu familia y amigos. No utilices excusas tales como: «Ahora no dispongo del tiempo necesario... Lo dejaré para después... Estoy demasiado cansado...»

El remordimiento de algún modo logra atraparte en una huella que te convertirá en un profundo hoyo de desesperación. Una manera de escaparte de la huella del remordimiento es haciendo las cosas importantes para ti. Cuando Steven murió en Vietnam, Bill y yo iniciamos un ministerio para alcanzar a otros padres que habían perdido hijos en la guerra. Luego, cuando murió Tim en la colisión frontal, ampliamos nuestro ministerio para ayudar a otros que habían sufrido tragedias similares.

Después, cuando descubrí la homosexualidad de Larry y él desapareció sin dejar rastro, empecé Ministerios Espátula para ayudar a los padres que necesitaban ser «despegados del cielorraso» porque se habían enterado, ellos también, que sus hijos lidiaban con sentimientos homosexuales. Quizás no te sientas preparado para hacer algo tan ambicioso como iniciar un ministerio, pero igualmente puedes darte a tu manera.

Una mujer que ha sufrido años de enfermedad en su familia (incluyendo la suya y su reciente histerectomía) escribió: «No puedo hacer lo que haces tú; sin embargo, sí sufro por el dolor de las personas y sí disfruto al enviar cientos de notas, tarjetas y folletos para intentar darles ánimo y levantarlas».

¡Exactamente! Hay muchos pasos positivos que puedes dar *alejándote* de la senda del remordimiento y *tomando* la senda de la esperanza.

Es verdad que lo que el mundo necesita ahora es amor, pero creo que necesita aún más la esperanza. Uno de mis dichos preferidos es:

LA ESPERANZA ES OXÍGENO PARA TU ALMA.

Me encanta la carta que aparece a continuación enviada por una mamá que comprende lo que significa estar sumergida en la desesperación para encontrar al final la esperanza:

Ah, Bárbara, lo diré brevemente. Mi hijo consume drogas... lo ha hecho por años. Mi hija mayor está embarazada (otra vez) y sigue sin casarse. Hace dos años, mi esposo me dejó por otra mujer. El divorcio resultante le produjo a mi hija menor su segunda crisis nerviosa. Luego mi hija mayor embarazada pescó a *su* novio con otra mujer.

A que no lo adivinas... ¡Somos cristianos! Crié a todos mis hijos como cristianos. Llevé esa vida frente a ellos lo mejor que pude. *Ahora* Dios me ha vuelto a dar *ESPERAN-ZA*. No estoy segura de que haya sido por un motivo en particular, sino simplemente un lento proceso de llegar a conocer mejor a Dios y de seguir avanzando (como dices en tus libros) *de día en día.*

Qué hacer cuando se te haya acabado la esperanza

La carta de esta mamá me produce una sonrisa en el corazón porque me recuerda que la esperanza es como el maná bíblico que comieron los israelitas en el desierto. Es necesario reunir una fresca provisión diaria, pero en ocasiones te absorbe tanto la lucha contra tu propio «desierto» que te olvidas de hacerlo.

Recuerdo haber hablado en una conferencia de fin de semana y después haber tomado un avión para regresar a casa. Pasamos sobre Los Ángeles de noche, y desde mi asiento junto a la ventanilla vi miles de luces titilantes debajo de nosotros. La voz del piloto retumbó por el intercomunicador informándonos que estaba iniciando su abordaje final, pero en realidad no escuché mucho de lo que decía. Pensaba en TODAS esas luces, me daba cuenta de que cada una representaba un hogar donde había (o quizás habría) dolor de algún tipo, porque el dolor *es* inevitable en esta vida.

Mi imaginación se activó aún más, y empecé a ver cada luz como un doloroso absceso que necesitaba ser drenado... pero, ¿cómo? Siempre me han gustado las palabras sabias que dicen:

AUN CUANDO EN OCASIONES APENAS ARDA,
EL SECRETO DE LA VIDA ES MANTENER
SIEMPRE ENCENDIDA LA LLAMA DE LA ESPERANZA.

Al mirar hacia abajo empecé a temer que mi «llama» se hubiera apagado en algún punto del trayecto, porque todo tenía un aspecto muy abrumadoramente DESESPERANZADO. Luego me golpeó la realidad de que sabía que no era así. Se suponía que la esperanza era mi especialidad, ¡pero al parecer se había escapado toda mi esperanza! Me di cuenta de que mi participación en todas esas conferencias había drenado mi espíritu. Sufría un caso leve de agotamiento. Mis baterías necesitaban recargarse y, ¿qué lugar mejor para conseguirlo que en las promesas de las Escrituras?

TRANSFORMARÉ SU «VALLE DE PENAS»
EN UNA «PUERTA DE ESPERANZA».

(Oseas 2.15, La Biblia al día)

HAY PARA TI ESPERANZA EN LO PORVENIR,
DICE EL SEÑOR, Y TUS HIJOS
VOLVERÁN A SU PATRIA.

(Jeremías 31.17, La Biblia al día)

Durante los siguientes momentos se aclaró mi visión desde la ventanilla del avión. La escena de abajo NO representaba dolor desesperanzado. En lugar de eso, cada luz titilante en esa extensión gigantesca conocida como la hoya de Los Ángeles era en realidad un sitio al cual el amor redentor de Dios podía traer esperanza si al menos los que sufrían tuviesen disposición de PERMITIRLE ENTRAR. Entonces los abscesos podrían abrirse e iniciarse la sanidad.

Quizás otro motivo por el que ese mar de luces parecía, a primera vista, tan desesperanzado era porque a menudo me siento abrumada por la correspondencia y las llamadas telefónicas que recibo... literalmente miles por año. Sólo soy UNA persona y no puedo empezar siquiera a suplir todas las necesidades de tantos que se ponen en contacto conmigo. Pero me siento mejor cuando me doy cuenta de que reciben ayuda por el simple hecho de expresar verbalmente su frustración, ventilar su enojo y, lo que es más importante, drenar su dolor.

A veces las personas me llaman y hablan y hablan... y HABLAN. Por lo general, digo muy poco mientras las escucho, pero al cortar la comunicación, a menudo dicen: «Ah, ¡me has ayudado TANTO!» Me asombra, sabiendo que sólo los escuché y oré con ellos. En muchos casos eso era lo único que hacía falta. Se ha dicho que:

HABLAR ES COMUNICAR...
ESCUCHAR ES DEMOSTRAR INTERÉS.

Cuando las «respuestas correctas» no parecen dar resultado

Todos hemos escuchado que cuando llegamos al final de nuestra soga, se supone que le hagamos un nudo, ¡nos aferremos a él y nos columpiemos! ¿Sabes lo que es ese nudo en la punta de tu soga? Por supuesto que sí:

¡AFÉRRATE A LA *ESPERANZA*!

Los cristianos tienen la seguridad de que mientras esté Jesús con ellos, son más que vencedores. Jesús es nuestra esperanza. Él es el regalo de gracia que Dios nos da. Cuando decimos que algo carece de esperanza, estamos cerrando la puerta de un golpe en la cara de Dios.

Aunque eso sea verdad, a veces las circunstancias de la vida nos dejan tan devastados que la esperanza queda enterrada en un oscuro pozo de desesperación. La primera vez que nuestro hijo, Larry, se fue de casa para adoptar el estilo de vida homosexual y se negó a ponerse en contacto con nosotros durante muchos meses, mis llamas de esperanza estaban tan reducidas que un día pensé que se habían apagado.

Conduje mi automóvil hasta un viaducto cercano a Disneylandia, con la plena intención de desbarrancarme y acabar con mi vida. Sin embargo, cuando llegué a la cima empecé a preguntarme si la caída desde allí a la autopista que estaba debajo lograría darle fin al asunto. Era posible que quedara inválida y acabase fabricando canastas en un asilo para desorientados. No podía hacerlo.

No me quedaba esperanza... ni siquiera la de ponerle fin a mi desdicha. Y fue en ese momento que le dije al Señor que ya no podía seguir así. No podía seguir llevando la carga de nuestro hijo ni un día más. Le entregué a Larry; le *cedí mi control* y sellé el acuerdo con cuatro palabras que se han convertido en un lema para mi vida:

¡HAZ LO QUE QUIERAS, SEÑOR!

En otros libros he descrito el cambio increíble que me sobrevino casi instantáneamente cuando susurré esas palabras. Volvieron a mí la esperanza y el deseo de vivir, y volví a casa donde al día siguiente recibimos una llamada de Larry, dando fin a un silencio que había durado un año.

Este poema de una querida amiga de Espátula lo dice muy bien. Agradezco a Anna Jean McDaniel por comunicárnoslo.

¡NUNCA TE DES POR VENCIDO!

Si puedo decir: «Haz lo que quieras, Señor»,
cuando mi corazón está por estallar,
cuando la desesperanza lo llega a llenar
y lo invade un incontrolable dolor.

Si puedo decir: «¡Haz lo que quieras, Señor!»,
y dejar a mi hijo en esa cruz clavado,
¿será de mi alma el peso quitado?
¿Será entonces libre mi corazón?

¿Libre del temor que tanto frío me da
en la noche oscura y solitaria,
cuando mis cansados ojos no se quieren cerrar
y aguardo que llegue la luz del alba?

Si puedo decir: «Haz lo que quieras, Señor»,
¿me extenderá sus brazos de amor
para envolverme con su consuelo
que me ha enviado desde el cielo?

Si puedo decir: «Haz lo que quieras, Señor»,
¿escuchará Él mi angustiado clamor?
¿Me responderá rápidamente, y sin tardanza,
antes de que muera en mí la esperanza?

La respuesta otros han hallado
al decir la frase con valor.
¿Qué puedo hacer sino imitarlos,
y susurrar: «Haz lo que quieras... Señor»?

Anna Jean McDaniel, 1993

Larry volvió a nuestras vidas, pero sólo en forma tentativa con una relación superficial. Dos años más tarde me llamó por teléfono para decirme que tenía un amante. Dijo que nunca desearía ver otra vez a ninguno de nosotros y que planeaba cambiarse el nombre y renegar de nosotros. En los años siguientes, nació Espátula y se convirtió en refugio para otros padres cuya esperanza había menguado por haber perdido hijos que adoptaron el estilo de vida homosexual o tomaron algún otro rumbo equivocado.

Pasaron muchos años y no supimos de Larry. Mi llama de esperanza a veces ardía muy pequeña, especialmente cuando se aproximaba el Día de las Madres. La experiencia personal me había enseñado que el Día de las Madres podía estar cargado de tristeza en vez de alegría. Deseaba extenderme y animar a otras mamás que anhelaban saber de sus hijos, pero en lugar de eso, al igual que yo, aguardaban llamadas que nunca llegaban. Revisaban la correspondencia buscando tarjetas o cartas que nunca arribaban. Pero cuando tienes un hijo pródigo que te produce quebranto, es necesario recordar que:

¡DIOS CUMPLIRÁ LO QUE PROMETE!

Mientras tanto, debemos seguir viviendo y no quedar detenidos sobre las vías para que nos embista el tren de las dudas.

Alrededor del primero de mayo de ese año fui hasta un centro comercial cercano, donde me puse a curiosear en un negocio de regalos, entretanto me sentía aterrada por la proximidad del Día de las Madres pues sabía la tristeza que me causaría. Pensaba en la ESPERANZA y en cómo producirla en mí y en otras madres que quizás se hundían en la desesperación. De repente vi una preciosa muñeca de trapo dentro de una caja que decía: «¡Hola! ¡Me llamo Esperanza!» Saqué la muñeca de la caja para examinarla y vi que tenía un cartelito en su blusa que decía: «¡SOY ESPERANZA!»

Reflexioné acerca de lo bueno que era el Señor al permitir que encontrase ese poquito de aliento, y compré la muñeca de inmediato.

Salí del negocio con mi amiga recién adquirida dentro de una bolsa de compras bien acomodada bajo mi brazo, volví rápidamente a casa con la mente llena de pensamientos de esperanza. Sí, mientras un hijo esté con vida, ¡EXISTE ESPERANZA! Aun cuando en este momento no suceda nada y nuestros corazones estén quebrantados porque nuestra esperanza es a plazos, no podemos determinar la puntuación final de una vida hasta que el juego haya acabado. Recuerda siempre:

TODO SANTO TIENE UN PASADO...
¡TODO PECADOR TIENE UN FUTURO!

El problema es que muchos padres tratan de jugar el papel del Espíritu Santo en sus hijos. Intentamos producir en ellos convicción de pecado y en lugar de eso sólo les causamos condenación. Al Espíritu Santo le corresponde la tarea de producir convicción. Es por eso que muchos hijos se vuelven resentidos cuando los padres tratan de forzar en ellos la fe en Dios. Es necesario que los entreguemos a Dios y luego QUITARLES nuestras manos de encima. En *Salpícame de gozo en los pozos ciegos de la vida*, expliqué cómo hacerlo, incluyendo una ilustración de la imagen que conservo en mi corazón al ceder el control. Ya que muchas personas han comentado lo significativo que resulta dicha ilustración, la vuelvo a repetir en la próxima página.

Sin embargo, según admitió una mamá, esto no siempre resulta tan sencillo como parece:

Quiero que sepas que llevo en mi billetera el dibujo de la madre que mira hacia atrás luego de entregar su hijo a Jesús. Es para recordarme que le entregué mi hijo a Él (en realidad, he debido hacerlo más de una vez... tengo la tendencia de volver a levantarlo). Sigo teniendo dudas y temores con gran frecuencia, pero sé que Él lo cuidará muy bien.

Cómo entregar a tu ser amado a Dios

En tu mente, imagina que colocas a tu ser amado en un paquete de regalos de hermosa envoltura. Acto seguido, imagínate subiendo una larga escalinata, cargando hasta la cima tu precioso paquete, donde Jesús está sentado sobre el trono de Dios. Deposítalo a los pies de Jesús y espera hasta que lo abra y tome a tu ser amado en sus brazos. Asegúrate de que Jesús tenga asido a tu ser amado y confía que *nunca* lo soltará. Ahora llega el momento crucial. Gira y desciende caminando por las escaleras. A mitad de camino, haz una pausa para ver que tu ser amado está seguro en los brazos de Jesús mientras Él dice: «Nadie jamás quitará de mis manos este ser precioso y nunca habré de soltarlo». Mientras sigues descendiendo por las escaleras, escúchate formular la siguiente oración: *Señor, trato hecho. Te he entregado a (nombre) y le he quitado mis manos de encima. Obra tú en su vida según te plazca.*

El acto de entregar a tu hijo a Jesús es como ponerle la dirección a un paquete, envolverlo y colocarle un rótulo, para después enviarlo sin indicaciones especiales en cuanto a dónde debiera dirigirse. ¿Podía amar a Larry, orar por él y dejar que Dios hiciera con su vida lo que quisiese, sin necesidad de mis instrucciones? ¿Podía darme por satisfecha de saber que a Larry se le enseñó el camino y que era necesario que lo soltara completamente?

¡Mejoró mucho el Día de las Madres porque sabía que Larry era propiedad de Dios y que Dios siempre busca al pródigo!

Todo lo sentido en ese entonces se ha expresado de manera muy bella en esta pequeña composición de Ruth L. Clemmons:

Cuando pierdes a un hijo

«Es por culpa de los padres», dijo ella con autoridad. «Los hijos se desvían porque sus padres no los criaron en la disciplina y la amonestación del Señor».

Al mirar en derredor del círculo, comprendí que no era la única madre del grupo a la cual uno de sus hijos hirió profundamente.

Este mensaje no era nuevo para mí, pues había estado sentada en una congregación varios años atrás y había escuchado al predicador dictaminar: «Los hijos no se desviarán si los padres les enseñan correctamente. Si siembras buena semilla, obtendrás buenas plantas». Mis sentimientos de fracaso fueron abrumadores...

Nuestro hijo se crió en la iglesia. Desde su más temprana edad se mantuvo en contacto con la lectura de la Biblia y la oración en el hogar e hizo profesión de fe a la edad de nueve años. No trabajé fuera del hogar. Siempre estaba en casa cuando él regresaba. Juntos horneábamos galletitas y sus amigos eran bienvenidos. Él y su padre trabajaron juntos en proyectos de los *Boy Scouts*; fueron juntos a pescar, a pasear en bote y a acampar.

Luego llegó la rebelión. Cuando se hizo demasiado extrema, buscamos consejo profesional. A lo largo de un período de varios años, viajamos varias veces para consultar a consejeros: desde ministros hasta expertos en salud mental. Derramamos muchas lágrimas, pasamos muchas noches insomnes y agonizamos a lo largo de muchos días. Pero nuestro hijo nos dejó y tomó su propio rumbo. Intentamos corregir a la planta joven, pero las influencias externas y otros factores que escapaban a nuestro control eran demasiado fuertes.

Cuando mirábamos esos días en retrospectiva, nos preguntábamos si la ruptura se podía haber evitado. ¿Fuimos demasiado exigentes? ¿Fuimos demasiado flojos? ¿Lo sobreprotegimos? ¿No lo elogiamos lo suficiente? ¿No oramos lo suficiente? ¿Habría ayudado un programa fuerte de actividades juveniles en la iglesia?

Lo que hemos aprendido

No lo sabemos. Aprendimos algunas cosas con el paso de los años al lidiar con nuestra pena y nuestra culpa.

Primero, descubrimos que *un problema de esa índole puede afectar una relación matrimonial en forma adversa*. Las pláticas e introspección constantes y la continua búsqueda de un chivo expiatorio pueden resultar peligrosas. Se necesitó de un consciente y continuo esfuerzo para mantener presente el romance en nuestro matrimonio.

Segundo, *el tiempo marcará una diferencia*. Sabemos de un hijo distanciado que regresó a sus padres, y ahora gozan de una bella relación con él y su bella esposa. Nuestro hijo no ha solucionado sus problemas personales, pero nos hemos reconciliado. A veces nos llama por teléfono desde lugares distantes para decirnos: «Feliz cumpleaños» o «Feliz Navidad». Por eso, estamos agradecidos.

Tercero, hemos aprendido a *aceptarlo como es*, y a decir: «Gracias, Señor, por lo que estás haciendo en la vida de nuestro hijo, a pesar de que ahora no lo podemos ver. Sabemos que tú lo amas y lo dejamos en tus manos».

Por último, hemos aprendido que *esta pena, al igual que el duelo, pasa por varias etapas*. Hemos experimentado el adormecimiento, el dolor, el resentimiento, la depresión. Nunca podemos borrar a nuestro hijo del pensamiento, pero hemos llegado a aceptar que al fin y al cabo cada persona es responsable de su vida. Por lo tanto, ya no nos atormentan los remordimientos. Pensamos que sabemos qué tipo de vida satisfaría a nuestro hijo, pero la decisión le corresponde a él. Sólo nos resta asegurarle nuestro amor y orar por su felicidad.

No andamos penando como los que carecen de esperanza. Dios nos ha dado paz y vivimos a plenitud. Finalmente somos libres.

> *Copyright 1986, por Ruth Clemmons.*
> *Usado con permiso.*

Pasaron muchos años más antes de saber de Larry. ¡Y entonces SÍ, regresó el pródigo, pidiéndonos perdón por todo el dolor que nos había causado y diciéndonos que estaba limpio delante del Señor!

Pero, ¿qué habría sucedido si Larry no hubiese regresado? Entonces todo lo que he dicho anteriormente seguiría siendo verdad. Un antiguo autor de obras teatrales escribió la conocida frase: «Donde hay vida, hay esperanza».[3] El otro día leí algo que invertía esa frase de la siguiente manera:

DONDE HAY ESPERANZA, HAY VIDA.

Sí, la esperanza *puede* darnos vida. Ofrece la energía que de otro modo se nos escaparía completamente si intentásemos obrar sólo por fuerza propia. La esperanza es tan generadora de vida que el apóstol Pablo la nombró como una de las tres cosas que permanecerán mucho más tiempo que las profecías, el conocimiento, las señales y prodigios que se acabarán: «Y ahora permanecen estas tres cosas: la fe, la esperanza y el amor» (1 Corintios 13.13, NVI).

Cuando leo ese maravilloso versículo, siempre me lleva a esa noche en el avión cuando observaba todas esas luces y me sentía impotentemente abrumada. Me recuerda que lo que Dios *promete* y *cumple* es nuestra única base verdadera para tener esperanza cada día. La fatiga, la ansiedad y el remordimiento pueden venir, pero sigue buscando la esperanza, y recuerda que:

ES MEJOR OLVIDAR Y SONREÍR
QUE RECORDAR Y ESTAR MALHUMORADO.

Espanta espantos

Aprendemos por experiencia. Por ejemplo: nunca despiertas a tu segundo bebé con el único fin de verlo sonreír.

CUANDO TE DUELA EL CORAZÓN, DEBES USAR LA CABEZA.

Ten disposición de sufrir cualquier cosa por causa de cualquiera, pero no seas el motivo del sufrimiento de otro.

CON RESPECTO AL MAÑANA, ¡DEJA QUE SE PREOCUPE DIOS!

Si intentas soltar las riendas:
1. Debes saber que te dolerá... por un tiempo.
2. Interésate en otras cosas. No cargues a tus hijos con la responsabilidad de tu felicidad.
3. No te dediques a cargar de culpa a tus hijos.
4. Recuerda: un hijo es un préstamo que Dios da, no es tu posesión personal.
5. Recuerda también que se supone que los padres provean para sus hijos mapas del recorrido, pero no son ellos los encargados de asfaltarles el camino.

EL MEJOR PUENTE ENTRE LA DESESPERACIÓN Y LA ESPERANZA ES UNA BUENA NOCHE DE SUEÑO.

La esperanza es algo emplumado
que se posa en el corazón,
entona canción sin palabras
y jamás se detiene por nada.

Emily Dickinson[4]

LO QUE EN EL TIEMPO TEJEMOS DEBEMOS VESTIR EN LA ETERNIDAD.

Extraído de la correspondencia de Espátula:
Comenzaba a pensar que era rara por lo que sentía:
Falta de aire, falta de deseo de estar acompañada,
sentimientos de enojo y odio, y la impresión de ser la
peor madre del mundo. Gracias por permitirme ver tus
cicatrices. Ahora sé que también hay esperanza para
mí. Aunque estoy en el túnel, sé que habrá luz
nuevamente.

La esperanza es la fe
que en la oscuridad
te extiende su mano.

¡Qué felicidad la de aquéllos cuya culpa ha sido perdonada!
¡Qué gozo hay cuando los pecados son borrados! ¡Qué alivio
tienen los que han confesado sus pecados y a quienes Dios ha
borrado su registro de delincuencia!

(Salmo 32.1-2, La Biblia al día)

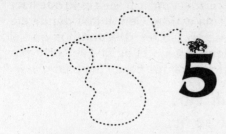

5

Echa tu pan sobre las aguas y con el tiempo hallarás pretzels*

Hace poco me llegó por correo una tarjeta enviada por una persona fiel en apoyar a Espátula y que conoce las pesadas cargas de este ministerio. Una frase de su tarjeta está grabada en mi memoria:

> *A veces me pregunto*
> *cómo (y por qué)*
> *te mantienes firme*
> *en todo tu trabajo*

En esa misma tanda de correspondencia, Dios me envió refrigerio a través de otro amigo que escribió: «Retrocede las páginas de la memoria de vez en cuando, Señor, para mostrarme desde dónde me has traído y en qué lugar podría haber estado. Pero recuerda que soy humano, y los humanos se olvidan. Así que, ¡hazme recordar, hazme recordar, querido Señor!»

También citó una muy conocida definición de evangelización que leyó en uno de los libros de Chuck Colson: «Evange-

---

* N. del E.: En EE.UU., galleta tostada en forma de rosquilla, polvoreada con sal.

lización es una mendiga que le dice a otra mendiga dónde encontró pan». Y luego su carta seguía así: «Eso es lo que hace Espátula que resulta de tanta ayuda. Comunicas dónde encontraste agua y, con el tiempo, otros descubrimos que el manantial sigue dando agua. Luego el agua que corre por nuestros labios anima a otros para que beban también».

Cuando hago el ridículo...
    tú eres el que no se ríe.
Cuando todos menos yo reciben una invitación
    tú eres el que se niega a asistir sin mí.
Cuando no entiendo el chiste
    tú eres el que me lo explica.
Cuando considero a todas las personas,
    que he conocido y
todos los amigos que he tenido,
    ¡tú eres el único!

Fil. 1:3-6

©«Sonshine Promises» creado por Gretchen Clasby, Cedar Hill Studio. Usado con permiso.

Sus palabras permanecieron en mi mente durante el resto del día. En pocas oraciones, capté el espíritu de lo que se trata Espátula: brindar ánimo a las personas que se sienten desesperadas, solitarias y que con tanta desesperación necesitan de alguien que se les brinde para decirles que hay un amigo que comprende y se interesa. A menudo decimos:

UN AMIGO TE FORTALECERÁ CON SUS ORACIONES,
TE BENDECIRÁ CON SU AMOR,
Y TE ALENTARÁ CON SU ESPERANZA.

En este capítulo, enfocaremos algunos principios necesarios para ser un AMIGO y un ALENTADOR. Basándome en experiencias de primera mano, puedo decir que verdaderamente no es posible tener demasiados alentadores en este mundo de preocupación.

Cuando descubrí que Larry era homosexual, sentí pánico, y mi enojo lo alejó de nuestro hogar. Luego me volví tan deprimida que entré en aislamiento, negándome a hablar con amigos o con la familia durante casi un año. Ese fue un grave error, porque no comprendía el poder del enfoque colectivo de la sanidad. Es más, ni siquiera SABÍA que existía tal enfoque: donde padres que sufren encuentran a otros padres que también sufren y se ayudan mutuamente, sin importar en qué punto de la recta del dolor se encuentran. Algunos han experimentado sanidad, y pueden comunicar lo que han aprendido. Otros todavía tienen heridas cuyos bordes están en carne viva y sangran, y necesitan todos los vendajes que puedan obtener.

Como Ministerios Espátula centra su atención en los padres de homosexuales que «se han incrustado en el cielorraso» por causa de sus hijos, a menudo nos escriben personas que se sienten aisladas o que desean estarlo. En otras palabras, desean desaparecer porque se sienten sumamente fracasados. Una mamá escribió para decir:

> Mi hijo ha estado en el estilo de vida homosexual con el mismo compañero durante varios años. Tenemos una buena relación y verdaderamente siento cariño por su amigo, pero hay ocasiones en las que todavía me resulta difícil lidiar con la vergüenza que me produce el estilo de vida de ellos. Los amo y puedo aceptarlos, pero hay veces que sigo teniendo dificultad. Oro y le entrego todo a Dios, pero me sigue costando hablarle a otros acerca de mi hijo. ¿Es normal esto?

Sí, esos sentimientos son muy normales. No debiéramos olvidar que:

LOS SENTIMIENTOS SON EL ALIENTO
DEL CORAZÓN HUMANO.

Otra mamá lo dijo de la siguiente manera: «Soy una madre "oculta en el ropero" de un hijo homosexual. En muchas ocasiones ni siquiera he podido decir eso. Pero la sanidad va llegando y tu carta circular es de ayuda».

¿Qué sensación produce estar en el ropero?

Hoy en día anda dando vueltas un comentario cínico:

CUANDO LOS HIJOS SALEN DEL ROPERO
LOS PADRES SE OCULTAN ALLÍ.

Los padres a menudo vienen a nuestras reuniones de Espátula y dicen que su hijo acaba de informarles lo que es y que ESTE se siente aliviado. Ahora que lo sabe su familia, dice él, tiene la libertad de ser «él mismo». Los padres, por supuesto, quedan en estado de shock. Es irónico, pero un hijo se siente liberado cuando sale a la luz, mas en el caso de los padres, lo único que logra esto es encerrarlos en su prisión privada del aislamiento.

Sé que hay MILES de padres allá afuera que han barrido sus problemas debajo de la alfombra y luego se han metido debajo de ella para vivir en oscuro secreto. Sé cómo se sienten. Cuando te enteras de la verdad con respecto a tu hijo homosexual, sientes temor de comunicar a cualquier otro su vergonzoso secreto. Te sientes frustrado, lastimado y desilusionado. Estás listo para decirle a tu hijo:

HEMOS PASADO JUNTOS POR MUCHAS COSAS,
Y LA MAYORÍA FUE POR TU CULPA.

Ashleigh Brilliant, Disparo #1336 ©1987.

Muchos padres son inocentes al suponer que a las familias cristianas sencillamente no LES suceden cosas de esta índole. Cuando los padres se enteran que su hijo es homosexual, intentan ocultarlo, lo cual sólo hace que queden sin apoyo. Se les ha enseñado que los cristianos son al parecer inmunes a cosas de este tipo, así que su orgullo les impide procurar ayuda.

Junto a estos sentimientos, los padres pueden sentir que Dios los ha defraudado. Después de todo, ellos se esforzaron.

Hicieron todo lo correcto, pero Dios parece haberse olvidado de ellos, así que hacen lo peor posible: Se encierran en un cascarón y se mantienen callados, negándose a procurar ayuda. Pero retirarse y aislarse no es la solución. Ayer tuvimos una tormenta de viento enorme (en California reciben el nombre de «Santa Ana»), con polvo volando por todas partes. Hasta resultaba difícil ver el camino que estaba por delante, pero como debíamos hacer unos mandados, salimos de todos modos. Al lidiar con las tormentas de viento de nuestras vidas nos vamos acostumbrando a la adversidad. Pero los que se refugian en el sótano, por así decirlo, andan muy mal en la tormenta porque no han aprendido a sobrellevarla.

Una y otra vez veo que personas que han sufrido muchas dificultades en la vida logran cierto grado de aceptación. Todo depende de cuántas veces la vida te haya hecho dar tumbos. Puedes salir aplastado o puedes salir pulido. Algunas personas son como diamantes. Saben que lo que atraviesan forma parte de la vida y pueden aceptarlo con increíble calma.

Y junto con esto, tampoco debiéramos proteger a nuestros hijos de las tormentas de viento de la vida. Si los protegemos de las tormentas, les robamos el proceso de pulido que hace falta en sus vidas. Si siempre rescatamos a nuestros hijos del dolor y la dureza de la vida, la suavizamos demasiado. Según dijo alguien:

CUANTO MÁS SUAVICEMOS LAS COSAS
PARA NUESTROS HIJOS,
MÁS DURA SERÁ SU VIDA.

Cuando nuestros hijos tocan fondo, no podemos aparecer siempre y RESCATARLOS. No podemos siempre pagar su alquiler y COMPONER las cosas. A veces Dios les permite estar en la porqueriza durante un tiempo para que puedan verse tal cual son. Si recubrimos de piel la porqueriza y tratamos de arreglarlo todo, hacemos que se demore la obra que el Señor tal vez esté haciendo en sus vidas, para hacer que se encuentren con ellos mismos. Según dijo alguien:

EL DOLOR PLANTA LA BANDERA DE LA REALIDAD
EN LA FORTALEZA DE UN CORAZÓN REBELDE.

Los padres también deben salir de su ropero

Sí, los sueños para nuestros hijos se han destrozado, pero no hemos quedado sin esperanza. Casi todos los días me entero de padres que finalmente comprenden que no pueden permitir que los abscesos sigan empeorando, porque llegarán a envenenarles todo el ser. Pueden comprender la verdad contenida en la siguiente declaración:

SÓLO ESTAMOS TAN ENFERMOS
COMO LO ESTÉN NUESTROS SECRETOS.

Comprenden que uno se vuelve amargado, arrugado y viejo si no es franco acerca de su dolor. Cuando logremos drenar nuestros abscesos, se iniciará la sanidad.

A todo aquel que se sienta «demasiado avergonzado para hablar del tema», sólo puedo decirle que si sale de ese ropero y se comunica con al menos alguna otra persona, será como encender una pequeña luz en la más profunda oscuridad. Y, hasta es posible que se sorprenda de ver la aceptación que se le brinda. La homosexualidad solía ser un «pecado secreto», pero en la actualidad es tan común como la palabra SIDA.

No permitas que la timidez, la vergüenza, la culpa, el temor... o el orgullo... te mantengan dentro del oscuro ropero. Aventúrate. Arriésgate. ¡Sal de allí! Te sorprenderás de ver cuánto alivio te produce. E incluso si se lo cuentas a alguno y se produce un efecto bumerán (haciéndote sentir culpable y que «no eres un buen padre cristiano»), aun así valdrá la pena. Sigue intentando. A la larga encontrarás un corazón comprensivo.

Mantén abiertos tus ojos y oídos. Hasta es posible que de paso captes algún comentario hecho en alguna peluquería o en el mercado o en el consultorio de un dentista (alguna referencia a alguien que tiene un hijo homosexual o alguien cuyo hijo padece de SIDA). Trata de conseguir el nombre de esa persona y el número de teléfono y establece la comunicación. Al hablar, pronto podrás detectar si ese padre experimenta de verdad tu mismo problema y también si se ha «ganado» las credenciales por haber sobrevivido al calor de la caldera.

Las personas con credenciales son, quizás, el motivo principal por el cual Espátula tiene tanto éxito. En los grupos Espátula que se hallan en todo el país, contamos con padres que han SOBREVIVIDO. Son vencedores y tienen la capacidad de ayudar a otros que han caído. Según lo dijo Salomón:

> PORQUE SI CAYEREN,
> EL UNO LEVANTARÁ A SU COMPAÑERO;
> PERO ¡AY DEL SOLO! QUE CUANDO CAYERE,
> NO HABRÁ SEGUNDO QUE LO LEVANTE.[1]

Lo que puede hacer por ti un grupo de apoyo

Cuando quedé con sentimientos de depresión al desaparecer Larry metiéndose en el estilo de vida homosexual, no contaba con un grupo de apoyo; es por eso que le prometí al Señor que si alguna vez lograba superar mi dilema iniciaría uno para los padres que se secaban en la vid como yo. Esa promesa era grande, pero como de todos modos suponía que iba a morir por causa de tanto estrés, ¡pensé que en realidad no tendría necesidad de cumplirla!

Una de las razones prácticas para integrarse a un grupo de apoyo es que se convertirá en tu caja de resonancia para ayudarte a comprender tus propios bloqueos emocionales. El grupo de apoyo es el medio adecuado para abrir tu doloroso absceso al mirar de manera objetiva tus sentimientos, especialmente los conflictos que tengas, y permitir que otros reflejen lo que te oyen decir y te comuniquen de qué modo han podido sobrellevar sus propias situaciones.

El grupo de apoyo también te da otras ideas para enfrentar la situación, que a su vez te ayudarán a saber cómo relacionarte con tu hijo rebelde. En poco tiempo el dolor de la humillación se reemplaza por fortaleza y perdón. Empiezas a pensar: *¡SÍ puedo salir de este pozo de desaliento!*

Por supuesto que los grupos de apoyo no son varitas mágicas que proveen de una «cura instantánea». El simple hecho de unirte a un grupo no garantiza que tu hijo de repente regresará al redil. El hijo pródigo de la parábola regresó cuando estaba listo... cuando «volvió en sí».[2] Cualquier restauración de tu hijo rebelde ocurrirá según el tiempo y el control de

Dios. La carta que aparece a continuación, enviada por una de las mamás de Espátula, le da la perspectiva adecuada:

> Cuando mi esposo y yo nos encontrábamos en el punto más bajo de nuestro sufrimiento, estuviste presente con el aliento que nunca olvidaremos. Me resultaba difícil creer que hasta me llamaste una noche para ver cómo andábamos. Nunca olvidaré las palabras amables de orientación que me dirigiste esa noche. Dijiste: «A TI TE CORRESPONDE AMAR A TU HIJO Y A DIOS LE CORRESPONDE *CAMBIARLO*. ASEGÚRATE DE MANTENER ENCENDIDA LA LUZ DEL ZAGUÁN». Hemos hecho precisamente eso, y ya él viene a casa y nos llama al menos una vez a la semana. La falta de tiempo o de espacio impide que te dé los detalles de todo lo sucedido, ¡pero cada día agradecemos al Señor por habernos permitido decirle a nuestro hijo que lo amamos!

Esta mamá ha comunicado la ambivalencia que sienten los padres mientras esperan. Pero mientras te encuentras en la sala de espera de Dios, sentirás el impulso de nuevos comienzos al adquirir visión a través de tu viaje hacia la salud. Sabemos que no existe tal cosa como la madurez de microondas. Se necesita tiempo para alcanzar la sanidad y, por cierto, siempre estamos en el proceso. Nunca arribamos. Esto es particularmente cierto en el caso de la vida cristiana, la cual es un largo peregrinaje. Así que seguimos al Señor adondequiera que nos guíe, porque:

SOMOS PEREGRINOS, NO COLONIZADORES.

¡Cuando sobrevivas, cuéntaselo a otros!

No soy la única que está convencida de la efectividad de los grupos de apoyo. Me llegan cartas de otras personas sobrevivientes que ahora desean sacar a otros de su dolor. Por ejemplo:

> ¡Cuánto gozo me ha dado tu libro! He pedido más para la clase de la Escuela Dominical que enseño, ¡y nos harán falta algunos más! Mis hijas mellizas poseen una variedad de problemas: una sufre de una alteración emotiva y la otra es alcohólica. El dolor asociado con alteraciones emotivas y

adicción a drogas, y una familia que no quiere creer estos diagnósticos, resulta especialmente abrumador.

Tengo sentimientos muy fuertes acerca de la risa y el gozo[...] He visto cómo producían resultados sorprendentes en las vidas de otros, incluso de mis propios hijos.

Por medio de tus escritos, y tu risa, Dios me ha liberado[...] He aprendido a relajarme, sonreír e incluso reírme de mi pasado[...] Desde niña he debido pasar por muchas cosas: fui abandonada, maltratada y adicta antes de siquiera llegar a la edad adulta; luego quedé embarazada y más tarde impulsada a un matrimonio malo. Antes de cumplir los 30 años ya había tenido tres hijos, una histerectomía y un empleador que me lastimó con sus promesas incumplidas y sus mentiras que me partieron el corazón.

Mi sueño siempre ha sido el de encontrar algún ministerio para ayudar a personas como yo. Siento como si te conociera y amo lo que he conocido. El libro que escribiste no sólo le dice a las personas cómo hacerle frente a las situaciones. Nos mostraste a todos las ocasiones en que aun siendo cristiana, te sentiste mal o trataste alguna situación de manera inadecuada, y eso te hizo más humana para nosotros.

¡Verdaderamente es más divertido dar que recibir! No me olvido de tu ayuda cuando me encontraba en el fondo del calabozo. Hoy en día oro así: «¡Señor, no me permitas olvidar dónde he estado!» Busco a otros que se encuentran en el calabozo y trato de alentarlos de manera similar.

Todas las cartas que anteceden reflejan el mismo mensaje: Tus sufrimientos no debieran desperdiciarse. ¡Utiliza lo que has aprendido al brindarte de corazón y remolcar a otros!

¡NUNCA DESPERDICIES TU DOLOR!

Querido Señor...
    Por favor concédeme que
    nunca desperdicie mi dolor; porque...
    fracasar sin aprender,
    caer sin levantarme,

pecar sin vencer,
herido y no perdonar,
inconforme y no mejorar,
aplastado sin volverme más atento,
sufrir sin desarrollar mayor sensibilidad,
hacen que el sufrimiento se convierta
en un ejercicio sin sentido e inútil,
una trágica pérdida,
y del dolor,
el desperdicio mayor.

Dick Innes[3]

Sea cual fuere el golpe devastador al que hayas sobrevivido, ahora tienes CREDENCIALES. Al contar tus experiencias a otros que intentan encontrar su rumbo, serás para ellos como bálsamo curativo.

Recuerda la promesa de las Escrituras que dice que somos regados en la medida en que regamos a otros (Proverbios 11.25, Biblia de las Américas) y, ¡ADELANTE! Busca un grupo de apoyo, o mejor aún, inicia un grupo de apoyo para padres que no hayan avanzado tanto como tú en su largo camino de sanidad. Hay en todas partes muchas personas que sufren, las cuales pudieran ser beneficiadas por lo que has aprendido al lograr sobrevivir a tu propia experiencia penosa. He aquí algunas otras sabias palabras de Salomón:

Y si alguien puede prevalecer contra el que está solo,
dos lo resistirán;
un cordel de tres *hilos* no se rompe fácilmente.[4]

Existen distintas formas de interpretar ese versículo, pero cuando Salomón menciona tres hilos, creo que se refiere a ti, a la persona a la cual te has acercado para brindar ayuda Y AL SEÑOR. Cuando trenzas un cordón como ese, es indestructible.

Recuerda que cuando te comunicas con otros, el entendimiento que has recibido hace que se vuelva indeleble para ti. Las lecciones aprendidas nunca desaparecerán, y mientras sigas regando a otros, también seguirás sanándote. Me gusta la forma en que lo expresó una mamá:

Me apena que tantas personas sufran porque sus hijos han escogido este estilo de vida, pero tú tienes la única solución:

amarlos a pesar de todo. En realidad, esa es la solución a cualquier situación a no ser que quiera pasar a ser una reclusa. Ha habido veces en las que sentía deseos de hacer exactamente eso. Pero necesito amigos y la interacción con la gente. Siempre he dicho que cuando encuentre un amigo perfecto, abandonaré a todos los demás. Estoy agradecida de que mis amigos me toleren.

Cuando ya no te haga falta el grupo de apoyo, lo sabrás. Casi siempre la mejor pista es que empiezas a querer ayudar a otros del mismo modo que has sido ayudado. Y entonces puedes pasar a la segunda etapa de tu sanidad. Ayudar a otros te seguirá ayudando a ti, porque su gratitud resulta muy alentadora. Todos necesitamos sentir que alguien se interesa por nosotros. Nuestro interés por otros puede ayudar a destruir la opresión que ejerce en nosotros el egocentrismo. Cuando demostramos compasión por nuevos amigos, nuestra atención se exterioriza de modo tal que vuelven a nosotros sensaciones de afecto. Me gusta decir:

LA AMISTAD DUPLICA NUESTRAS ALEGRÍAS
Y DIVIDE NUESTRAS TRISTEZAS.

Cuando Larry desapareció al introducirse por segunda vez en el estilo de vida homosexual, había aprendido mi lección. En lugar de aislarme como lo hice la primera vez, empecé a dirigir un grupo de apoyo, y durante los años siguientes eso a su vez me fue de apoyo.

Para el Día de las Madres del año 1986, Larry regresó a casa para decirnos que había sentido convicción de pecado por la vida que llevaba y que deseaba nuestro perdón. Esa fue una enorme salpicadura de gozo, pero quizás tuve una salpicadura aún mayor cuando a ambos nos entrevistaron en el programa radial «Enfoque a la familia». Durante esa entrevista Larry dijo que yo era su «MEJOR AMIGA». Siempre seré la madre de Larry, pero el haberme llamado su mejor amiga constituyó un elevado tributo. Me agrada decir:

MADRE AL AZAR... AMIGA POR ELECCIÓN.

Ser la mejor amiga de Larry significa más que ser la Número Uno en cualquier otro aspecto.

Conviene tener amigos en todos los sitios adecuados

Este capítulo referente a la amistad debe incluir una experiencia que me tocó vivir hace poco cuando tuve que hacerme una cirugía ocular: extracción de una catarata con implante de un lente. Esa era la mala noticia, pero la buena noticia era que mi cirujano sería el mismo oftalmólogo que trató a Bill veintiséis años atrás cuando lo encontré yaciendo en un camino de montaña allá arriba en el Cañón de San Gabriel. El Dr. Robb Hicks era el mismo que nos acompañó a las oficinas de la Administración de Veteranos para confirmar el estado médico de Bill para obtener la cobertura de incapacidad.

A través de los años Bill y yo lo visitábamos para hacernos controles anuales y él es del tipo de persona que, cuando le llevas una caricatura o algún chiste para mostrarle, siempre dice: «¿Esto es para MÍ?» Y luego sale corriendo para hacer fotocopias del mismo y poder así colocarlas en el mural informativo de modo que puedan verlas los empleados. Con el paso de los años hemos llegado a ser buenos amigos, y en realidad nos tuteamos, pero dudo en llamarlo «Robb». «Dr. Hicks» suena mucho más profesional para un oftalmólogo de éxito.

La noche anterior a la fecha en que estaba programada mi cirugía, me llamó el anestesiólogo que formaría parte de mi equipo quirúrgico del día siguiente. Me hizo algunas preguntas de rutina, ampliando la historia y averiguando si tenía alguna alergia. Luego dijo:

—Ahora bien, una vez que COMENZAMOS no nos detenemos para NADA. De modo que si necesita usar el baño, hágalo antes que se lleve a cabo la cirugía.

Quedé sorprendida, pero me aseguró que muchos pacientes MAYORES tenían este problema. Le dije que ni siquiera gozaba aún de los beneficios de *Medicare** y me hice una alerta mental para garantizar que no bebería nada durante HORAS antes de entrar al quirófano, sólo por *seguridad*.

—Bueno —dijo finalmente—, creo que ya está lista para la cirugía de mañana de su ojo derecho...

---

* N. del T.: Este es el seguro médico para jubilados y pensionados.

—¿Mi ojo DERECHO? ¡No, no! —le dije—. ¡Es mi ojo izquierdo!

—Ah —dijo él—. Supongo que el programa de cirugía está equivocado. Aguarde. Aquí tengo otra lista. Sí, ya veo que se trata de su ojo *izquierdo*. Muy bien, ¡nos vemos mañana!

Feliz de haber aclarado ESE punto, intenté conciliar el sueño, pero me llevó mucho tiempo relajarme. Las palabras del anestesiólogo: «Una vez que comenzamos no podemos detenernos», giraban en mi cabeza. ¿Qué sucedería si me daban deseos de ir al baño? ¿Y si tuviésemos un terremoto y nos quedásemos sin electricidad? Después de todo, ¡dijeron que no podían detenerse ante NADA! ¿Y si sentía la necesidad de estornudar o toser?

La talla única NO le queda bien a todos

A la mañana siguiente, Bill me llevó en auto hasta el hospital. Me condujeron hasta un pequeño vestidor en el fondo donde se me dijo que me quitara toda la ropa y me pusiese la clásica bata de hospital. La bata se acababa por encima de mis rodillas y era tan escasa que ni siquiera se juntaba en la parte de atrás. Y aunque los bordes alcanzaran a tocarse, sólo tenía una tira, ¡así que no la podría haber atado aunque quisiese hacerlo! Teniendo en cuenta los precios elevados que cobran los hospitales, uno pensaría que las batas pudieran tener al menos *dos* tiras para atar. La enfermera me preguntó cuál era mi número de calzado. Me pregunté para que sería, y ella me respondió: «Para conseguirte el tamaño adecuado de botines».

No pude evitar pensar: *¡Todo esto para una simple CIRUGÍA OCULAR!*

Al final, me había puesto mi escasa bata a la que le faltaba una tira en la parte de atrás y mis peludos botines. Luego me acostaron sobre una acolchada mesa de acero, para esperar hasta que llegase mi turno para la cirugía. Entró una enfermera y me puso una gorrita de papel que cubría mi cabello por completo. Como había leído mis libros, bromeó diciendo que no habría ningún geranio en mi sombrero, pero que debía aceptarlo de la mejor manera posible. Llegó otra enfermera que me colocó una almohada debajo de las rodillas, lo cual me hizo sentir más cómoda. Luego me llevaron rodando hasta el quirófano.

El Dr. Hicks me dijo que pondrían una máscara de oxígeno sobre mi rostro y que me administrarían la cantidad necesaria de anestesia para mantenerme en una especie de dimensión desconocida semiconsciente... no querían que me durmiese completamente durante la operación. Pero si comenzaba a sentir dolor, lo único que debía decir era «MÁS», y el anestesiólogo me daría el gusto.

Está bien, pensé para mí, *pero, ¿cómo podrán escucharme a través de la máscara de oxígeno?* Y bueno, esa era la menor de mis preocupaciones. Seguía recordando lo que me dijo por teléfono el anestesiólogo la noche anterior. Empecé a pensar cuánto deseaba no tener que ir al baño, pero ya sabes lo que ocurre en *esos* casos. ¿Alguna vez pensaste cuánto deseabas no hacer cierta cosa... hasta que eso era el ÚNICO pensamiento que ocupaba tu mente?

Sólo quería SALIR de allí y despertarme cuando todo hubiese acabado, pero no era así como sucedería. Mi ojo lo mantenían abierto con algún tipo de instrumento, pero no podía sentir nada. Me parecía que flotaba, pero igualmente podía escuchar que hablaban el doctor y las enfermeras. El Dr. Hicks decía: «Esta es una dama ESPECIAL. Hace años traté a su esposo, que se mantuvo en estado crítico debido a un accidente en las montañas. Luego perdió a un hijo y después a otro...»

En ese momento casi lo interrumpo, pero supongo que estaba demasiado adormilada. Seguía pensando: *Ay no, no quiero volver a vivir toda mi historia AQUÍ.* Pero al seguir adelante con la operación, el doctor dijo: «Tuvo otro hijo que se fue de la casa durante muchos años... para meterse en el estilo de vida homosexual. Ha escrito varios libros... sí, eso se ve bien. ¿Puedes ocuparte de esa presilla de alambre?»

Mientras flotaba entre la consciencia y la inconsciencia, escuché que el Dr. Hicks decía: «Un tiempo atrás me dirigía a la Universidad para dictar una clase y al conectar la radio, allí estaba esta dama muy especial que hoy estamos operando, contando su historia. Comprendí cuánto Dios la había estado bendiciendo. De alguna manera, al escuchar de nuevo toda su historia, recordé que hace tantos años yo formé parte de la misma en sus inicios en este mismo hospital».

Mientras el Dr. Hicks contaba mi historia, yacía yo allí, sin sentir dolor porque el lado de la cabeza sobre el que trabajaba estaba completamente adormecido. Finalmente, escuché que hablaba acerca de «cierre» y alguien adhirió un parche sobre mi ojo. El Dr. Hicks me quitó la máscara de oxígeno y dijo: «Todo anduvo sin contratiempos. Va a estar bien».

Luego sentí que salía el catéter de mi brazo y sentí un húmedo roce en mi mejilla. ¡Vaya! ¿Estaría él llorando por mi historia? El Dr. Hicks se había retirado del quirófano, así que le pregunté a la enfermera qué me había rozado la mejilla. Ella respondió: «No, eso no fue una lágrima. Sencillamente el doctor acaba de darle un besito antes de retirarse de la habitación, y dijo: "Esto es para una dama especial"».

Mi corazón sonreía al darme cuenta de lo agradecida que me sentía: por NO haber tenido que ir al baño... porque NO había ocurrido un terremoto... porque la anestesia HABÍA obrado su magia manteniendo alejado al dolor... y porque las enfermeras habían brindado tanto CUIDADO. Por sobre todo, me sentía agradecida por mi doctor, que era más que un hábil cirujano. Era un buen amigo, y los buenos amigos son difíciles de encontrar. Tal como lo dice uno de mis poemas preferidos:

> La amistad es un Don Inapreciable
> que no puede ser comprado ni vendido,
> pero su valor ampliamente supera
> el de una montaña de oro bruñido...

> Pues el oro es frío y sin vida,
> no puede ver y tampoco escucha,
> y en tiempos de dura lucha
> no tiene poder ni te anima:

> no tiene oídos que te atiendan,
> ni corazón que te comprenda,
> es incapaz de consolarte
> tampoco una mano puede brindarte.

> Así que cuando a Dios le pidas

que un REGALO te ofrezca,
agradécele si no te entrega

Ni joyas, perlas ni un gran tesoro,
sino amor sincero de amigos de oro.

Helen Steiner Rice[5]

He incluido este capítulo acerca de amigos porque sé cuán valiosos pueden ser. Los amigos son aquellos con los que uno puede hablar, confesar faltas, llorar, sí... y, sobre todo, *reír*. Me he reído con muchas más ganas con buenos amigos que con cualquier otro, ¿y por qué no? Después de todo:

UN AMIGO ES AQUEL QUE SABE TODO
ACERCA DE TI Y AUN ASÍ TE QUIERE.

Espanta espantos

EL AMOR ES UN CÁLIDO ABRAZO
EN LUGAR DE UNA GÉLIDA MIRADA.

Si el rugido de león no resuelve tu problema,
prueba un abrazo de oso.

LOS AMIGOS VIENEN Y VAN,
PERO LOS ENEMIGOS SE ACUMULAN.[6]

PRUEBA A DAR UN RÁPIDO ABRAZO
PARA ENFRIAR EL ÁNIMO CALDEADO.

Los rencores son como granadas de mano:
Conviene soltarlos antes de que te destruyan.

Algunas personas causan alegría dondequiera que van,
otros siempre que se van.

Extraído de la correspondencia de Espátula:
Dios te bendiga... al profundizarse mi pozo
y volverse más tenebroso, tú eres la luz.

Tus libros explican cómo me siento y eso significa mucho. No pensé que encontraría alguien que supiese cómo me sentía.

Qué maravilloso fue que te comunicases conmigo y así saber que alguien verdaderamente se preocupaba porque mi vida yacía en un montón alrededor de mis pies.

EN LA MEDIDA QUE CUALQUIER PERSONA
TE ACERCA A DIOS,
ESA PERSONA ES TU AMIGA.

Compasión es TU dolor en MI corazón.

Una de las compensaciones más bellas de la vida es que ninguna persona puede intentar sinceramente ayudar a otra sin ayudarse ella misma.

PERDONA A TUS ENEMIGOS,
¡PERO NUNCA OLVIDES SUS NOMBRES!

Mensaje contenido en una galletita de la fortuna:
Le caes bien a un pequeño grupo selecto de personas confundidas.

El amigo verdadero es siempre leal.
(Proverbios 17.17, La Biblia al día)

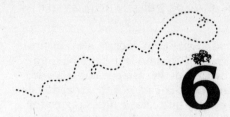

6

*Si mañana se cae el cielo, come nubes para el desayuno**

¿**E**s verdad que cualquier persona puede aprender a desarrollar una actitud positiva sin importar lo que le toque vivir? Al revisar mi correspondencia cada semana, a veces me pregunto cómo puede suceder eso siendo que tantas personas tienen historias que son cualquier cosa menos positivas. A continuación presento un muestreo de frases de sus cartas que te ilustrarán lo que intento decir:

> Esta mañana, mientras me dirigía a visitar a mi hijo que está en la cárcel por asesinato en segundo grado...

> Tengo dos hijos que se están recuperando de dependencias químicas, y mis preocupaciones por su orientación sexual podrían llenar un libro...

> Mi corazón llora cuando escucho a amigos que, ni tienen idea de lo que sucede y bromean con respecto a homosexuales, raros, etc., pero no abro la boca. ¡*Amo* a mi hijo y *necesito* a mis amigos!...

> Nuestro precioso hijo murió cuando un conductor no identificado que se dio a la fuga lo sacó del camino...

> Tengo una hija de dieciocho años a la que se le ha diagnos-

---

* Adaptado de Cooper Edens, *If You're Afraid of the Dark, Remember the Night Rainbow* [Si le temes a la oscuridad, recuerda el arco iris de la noche], Green Tiger Press, La Jolla, CA, 1979.

ticado incapacidad mental. Debemos soportar muchas críticas porque la gente y la familia esperan que ella se comporte como si tuviese dieciocho años, pero ella no tiene la capacidad para hacerlo...

Mi esposo pasó accidentalmente por encima de nuestro nieto de seis años con el tractor. Al niño le encantaba mirar el tractor... y se había escapado de la casa para observarlo. Murió camino al hospital. Todavía estamos destrozados y sentimos gran dolor de pensar que Dios pudiese permitir que ocurriese esto...

Podría seguir enumerando comentarios obtenidos de una carta tras otra... los suficientes como para llenar un libro. Los obstáculos que la vida lanza en la senda de algunas personas superan la imaginación. ¿Es posible que estas personas sean positivas? *¡Sí!* Lo sé porque muchas de ellas me han contado cómo han sobrevivido y triunfado a pesar de los obstáculos.

A decir verdad, todos nos enfrentamos con dificultades al intentar lograr nuestros objetivos en la vida. Los denomino las barricadas en el camino hacia la felicidad, y en ocasiones parecen ser insuperables. En otros momentos amenazan con destruir nuestra existencia misma. La clave para lidiar con las barricadas es ser flexible al hacer cambios. Al adquirir destreza en el tratamiento de las barricadas, estas pueden convertirse en ayudantes. Pueden ser como motores que nos impulsan hacia nuestras metas. Me encanta el siguiente dicho:

UN OBSTÁCULO ES COMO UNA VALLA EN
UNA CARRERA ECUESTRE DE OBSTÁCULOS:
DEBES ACERCARTE A LA VALLA,
LANZARTE DE CORAZÓN POR ENCIMA DE ELLA,
¡Y EL CABALLO IRÁ TAMBIÉN CONTIGO!

La clave para cambiar tu actitud poniéndola en marcha positiva es reestructurar tu forma de ver las cosas. En la niñez se nos enseñó que viésemos los obstáculos tal cual eran: vallas en nuestro camino, problemas sin respuesta. Al llegar a la juventud, no conocíamos la diferencia entre lo que era nuevo y dañino, y lo que era nuevo y emocionante. Se nos advirtió que evitásemos muchas cosas, que fuéramos cautelosos, que nos apegásemos a lo que era seguro y cómodo. Cuando arribamos a la edad adulta, mantuvimos esta misma filosofía y quedamos atrapados en antiguos patrones de respuesta. Observemos esos patrones familiares y analicemos el modo en que nos afectan.

El temor puede ayudarte a rendir lo mejor de ti

Un obstáculo importante para la mayoría de nosotros es el TEMOR, ese pequeño cuarto oscuro donde se revelan los negativos. Pero el lado positivo de esto es que el temor provee la energía necesaria para que rindas lo mejor de ti en una nueva situación. Cuando sientes temor, se agudizan tus sentidos, se te estrechan los ojos, bombeas adrenalina y tienes la capacidad de enfocar con mayor energía. Se agudiza tu CONCIENCIA. Una madre de tres hijos pequeños escribió:

> Me gustaría contarte cómo una vez más recibí bendición con tus libros. Hoy debí hacerme una prueba que reveló un problema en mi riñón izquierdo: un *tumor*, que decido creer que es benigno hasta que me digan lo contrario.
>
> Sea como fuere, anoche fue muy difícil para mí. Tenía pánico de presentarme hoy para el examen, no tanto por mí, sino por mis hijos (cuyas edades son: ocho años, dos años y seis meses). Simplemente no podía imaginar tener que decirles adiós.
>
> Luego recordé tus libros. Saqué *Ponte una flor* y *Salpícame de gozo* y leí porciones de ambos. Leí todas las cosas que subrayé al leerlos la primera vez. Hoy repetí varias veces el versículo de Isaías 26.3 mientras esperaba que se iniciase el procedimiento. No sentí paz de inmediato, ni tampoco tanta como hubiera deseado, pero tenía en qué enfocar mi mente, *algo positivo*. Muchísimas gracias.

Sé lo que le sucede a esta mamá. Cuando mi doctor me dijo por primera vez que tenía diabetes, me dio restricciones y limitaciones con las cuales debía vivir cada día. El temor se apoderó de mi corazón, porque todo era muy exigente y parecía ser un desafío abrumador al cual no podría enfrentarme. Pero como sabía que la gracia de Dios me bastaría, pude adaptarme a la nueva rutina y, al efectuar las modificaciones necesarias para cumplir con mi nuevo estilo de vida, se aplacaron mis temores.

Cuando tememos realizar algo, pero de todas formas lo hacemos, pronto descubrimos que el temor obra a nuestro favor... incluso impulsándonos a actuar. Luego de hacer lo que nos atemoriza, descubrimos que no era tan terrible después de todo. En realidad, ¡hasta resultó medio entretenido! La conquista del temor puede convertirse en una aventura que bien vale la pena en lugar de ser una experiencia penosa.

No puedes, sin embargo, saltar directamente desde el temor al triunfo. Debes pasar por esa etapa «intermedia». Es necesario que te enfrentes a los sentimientos incómodos provocados por nuevas situaciones, nuevos trabajos, nuevos desafíos, sea lo que fuere que te atemoriza. Pero aprendes a adaptarte y ATRAVESAR lo que sea. Así que no es cómodo. ¿Y qué? Tal como al parecer alguien formuló:

¿QUIÉN DIJO QUE LA VIDA DEBÍA SER CÓMODA?

«¡Vas a estar bien... muy BIEN!»

Hace poco fui a hacerme un examen médico de rutina. Como de costumbre, la enfermera me condujo a uno de esos pequeños cuartos de examen donde me acosté sobre la fría y dura camilla cubierta de blanco y resbaloso papel, para aguardar la llegada del doctor. Mientras esperaba, miré fijamente el gráfico de anatomía que colgaba de la pared, tratando de no escuchar las conversaciones que me llegaban desde el pasillo. Era evidente que mi doctor estaba hablando por teléfono y podía escuchar cómo decía: «¡Vas a estar bien... vas a estar muy bien!» Me pregunté cómo podía estar tan seguro de eso, pero su voz firme y confiada aseguró a la persona que llamaba que estaría «muy bien».

Pasaron unos minutos, y empecé a hojear una revista ajada y atrasada. Luego volví a escuchar voces y el sonido de un golpeteo que quizás hacía una persona mayor con bastón. Me imaginé al doctor rodeando con su brazo a algún anciano mientras lo acompañaba hasta la puerta. Luego volví a escuchar su voz que decía: «Pues sí, Joe, vas a estar bien... ¡vas a estar muy bien!»

Al cabo de un par de minutos, el doctor finalmente metió la

cabeza en el cuarto donde me encontraba esperando y dijo con ánimo: «Pues bien, jovencita, ¿cómo anda hoy?»

(Aunque tengo suficiente edad para ser su madre, me llama «jovencita»... tal vez lo hace para que me sienta más joven.)

Mi respuesta fue: «Bueno, en realidad no importa cómo ande HOY, porque sé que VOY A ESTAR BIEN, ¡MUY BIEN!»

Después reímos juntos mientras le contaba cómo había escuchado cuando le decía esas mismas palabras a otros dos pacientes como si formara parte de su tratamiento.

Me hizo mi examen acostumbrado y luego habló acerca de los resultados de unos análisis que me había hecho anteriormente. Conversamos un rato más y después, cuando partía, agregó: «Vas a estar bien... ¡muy bien!»

Mientras me dirigía al auto, no pude evitar una risita. Y luego me dije: *Quizás la frase «Estarás bien» ERA o ES parte de su tratamiento.* Debí reconocer que esas palabras sencillas produjeron una sonrisa en mi corazón y calmaron mi espíritu atribulado. Me hizo pensar en Proverbios 16.24 (Reina Valera): «Panal de miel son los dichos suaves; suavidad al alma y medicina para los huesos».

Decidí que estaba agradecida por la actitud positiva de mi doctor. En lugar de alguna triste expectativa, prefería mucho más la confianza de saber que estaría «muy bien». ¡Cuánto efecto pueden producir unas pocas palabras! Por ejemplo: ¿Qué sensación te producen estas frases negativas?

> No puedo...
> Es muy complicado...
> La vida es una lucha...
> Si al menos...
> ¿Qué puedo hacer ahora?

Presta atención ahora a las frases siguientes, las cuales contienen palabras positivas y de fortaleza:

> Lo puedo hacer...
> Después de todo, esto tiene sus posibilidades...
> La vida está llena de oportunidades...
> Aprendí una lección a partir de eso...
> No existe situación a la que Dios y yo no podamos hacerle frente juntos.

Las palabras *sí* tienen poder, ¡así que úsalas con cuidado!

¡Que vengan los buenos tiempos!

Los malos tiempos nos llegan a todos y me sorprende ver cómo, para algunas personas, parecen presentarse *uno atrás de otro.*

Una madre me escribió para decirme que se identifica con los que sufren dolor porque a ella le ha tocado sufrirlo continuamente. Su hija ha tenido frecuentes ingresos en hospitales debido a una enfermedad mental. Su hijo abandonó la escuela, se hizo adicto a drogas y se fue a vivir con su novia embarazada, que ya tenía otro hijo. Su esposo, que usaba alcohol para escapar de la turbulenta vida hogareña, murió de cáncer a los cuarenta y nueve años. Un punto brillante era que su esposo hizo profesión de fe antes de morir. Cuando la novia de su hijo lo dejó, la madre lo albergó junto con el bebé, pero el hijo se quedaba afuera toda la noche, dormía la mayor parte del día y ayudaba muy poco con el bebé. Cuando le pidió que se fuera, él se vengó diciendo que ya no podría ver a su nieto. Ella reconoció:

> Estoy desorientada, y siento falta de apoyo y de verdadera comprensión de parte de otros, incluyendo a los cristianos. Asisto a grupos que brindan ayuda mientras estoy allí, pero, ¿será que espero demasiado de otros y me permito caer en negativismo y autocompasión? Todavía no puedo superar todo esto... Lloro bastante y gran parte del tiempo me siento desesperada.

Esta mamá siente muchas cosas, pero más que todo desaliento. Cuando nos desalentamos, nos descorazonamos y se introduce el temor. Así que la victoria sobre el desaliento es sencillamente cuestión de quitar el DES para que quede el ALIENTO. Para hacerlo, debes tener la disposición de elegir tu sueño... y hacer que se cumpla. Anímate a *hacer*, en lugar de sólo *desear.*

La carta de otra mamá cuenta de un Día de las Madres cuando su único hijo le comunicó que era homosexual. Admitió que vivía en una casa junto con otros tres hombres homosexuales. La madre intentó permanecer calmada por fuera, pero por dentro se hacía pedazos.

Cuando su hijo se iba, le dijo que lo amaba y que oraría por él. Luego se fue caminando hasta la casa de una amiga que vivía cerca y se desplomó en sus brazos, llorando. Sentía que el mundo se derrumbaba en derredor suyo... otra vez.

Su esposo, un consejero, murió dos meses antes y su hija murió un año antes de eso en un accidente automovilístico. Su hijo era el único de la familia que le quedaba y ahora sentía que también lo había perdido.

Desde ese chocante Día de las Madres, esta mamá ha progresado al leer acerca de la homosexualidad y al hablar con amigos íntimos y con su pastor, quien es el único de su iglesia que lo sabe. Anda en la cuerda floja, intentando demostrar amor y aceptación por su hijo y el amigo de él, y al mismo tiempo mantener sus propios principios. Escribió lo siguiente:

> Estos últimos meses han sido a veces dolorosos, difíciles, alentadores, llenos de fortaleza dada por Dios y de esperanza para mi hijo y otras veces han estado cargados de mi propia depresión. ¡He descubierto que me han sobrevenido las mismas emociones y reacciones físicas que viví cuando mi hija murió!
>
> Me esfuerzo por mantener mis ojos fijos en Dios, en su fidelidad y en su gran poder, y le pido que: (1) cada día me llene nuevamente el corazón de *su* amor para con mi hijo y su amigo (¡he notado que *mi* amor va y viene!), (2) obre con poder en el corazón y en la vida de mi hijo, (3) me ayude a ser sensible a la dirección de su Espíritu y a confiar en su sabiduría y no en mis emociones e impaciencia, y (4) que use todo esto para mi crecimiento, su gloria y para ayudar y alentar a otros padres que sufren.

Esta mamá es una sobreviviente y una vencedora porque se da cuenta que su amor va y viene, pero el amor de Dios es inmutable. Se encuentra obligada a efectuar reajustes, porque los tiempos difíciles lo provocan. Todos enfrentamos tiempos de cambio constante. Tal como lo dijo alguien: «El cambio constante ha venido para permanecer. ¡El mundo cambia con tanta rapidez que uno no podría estar siempre equivocado aunque se lo propusiese!»

A pesar de que el cambio estará siempre en nuestro medio, este concepto no resulta popular. Todos están a favor del progreso, pero pocos le damos la bienvenida al cambio. Algunas personas cambian continuamente de trabajo, de pareja, de amigos, pero nunca se les ocurre cambiar su persona y se quedan estancados. Cada uno tenemos una lista personal de excusas que pueden conducir al estancamiento. A continuación les doy la mía:

1. Siempre lo he hecho así. ¿Por qué cambiar ahora?

2. No estoy lista para probar eso.

3. ¿Quién lo necesita? Estoy bien así.

4. Ya lo intenté y me resultó incómodo.

5. No dispongo del tiempo necesario.

6. Ese trabajo no me corresponde.

7. Eso no dará resultado... no es mi estilo.

Cuando me escucho usando alguna de las excusas arriba mencionadas, me detengo y pregunto:

«¿Qué es lo que intentas evitar?»

«¿Te estás volviendo perezosa o condescendiente?»

«¿Qué es lo que te hace falta para asegurarte de seguir creciendo y cambiando?»

Cuando te golpeen tiempos difíciles o problemas de cualquier índole, recuerda: La decisión es tuya. Puedes ver sólo el dolor y las tristezas, o puedes ver las oportunidades de mejorar las cosas.

PARA SER FELICES, LO ÚNICO QUE NECESITAN
ALGUNAS PERSONAS ES UN CAMBIO,
¡Y GRAN PARTE DEL TIEMPO TAMBIÉN ES LO ÚNICO QUE
LE HACE FALTA A UN BEBÉ!

¿Ves sólo obstáculos u oportunidades?

Las oportunidades se presentan de innumerables formas y tamaños. ¿Qué pasaría si todas las cosas que ahora te parecen obstáculos pudieran verse en cambio como LADRILLOS DE ORO? Los ladrillos pueden utilizarse para edificar una pared o como piedras para recubrir tu camino al éxito. Puedes seguir el camino amarillo de ladrillos hasta llegar adondequiera o

OJALÁ FUESE UN OSO DE PELUCHE:
1. Todos lo quieren.
2. A nadie le importa que sean gordos.
3. Cuanto más viejos, más valen.

Cosas notables

puedes quedarte atrapado por esa gran pared que impide cualquier progreso que desees lograr. *Todo depende de cómo percibes los obstáculos.*

Es posible que hayas visto esos dibujos en los cuales las instrucciones te preguntan si ves una muchacha joven o una anciana. Si miras el dibujo de una manera, verás una jovencita. En cambio, si lo observas desde un ángulo un poco diferente, verás una anciana.

El punto a destacar es que la perspectiva se trata de cómo decidimos ver las cosas. Debido a que al mirar lo hacemos tanto con nuestra mente como con nuestros ojos, tendemos a «ver» lo que esperamos o deseamos ver. Para cambiar nuestra perspectiva hace falta una *disposición de ver las cosas de manera diferente*. Esa es la clave para el desarrollo de una actitud positiva a pesar de lo que nos suceda.

Mientras elaboraba este libro, el sur de California quedó

devastado por los incendios más grandes de la historia. Varias personas murieron, miles de hectáreas quedaron ennegrecidas y cientos de hogares se destruyeron o dañaron. Una de las zonas más duramente golpeadas fue Laguna Beach, pero un hombre cuya casa quedó destruida por completo, mantuvo una actitud positiva. Dijo así:

> «LO MIRO POR EL LADO BUENO.
> ¡PUDE DESHACERME DE ESAS
> DESGRACIADAS TERMITAS!»

Cuando hablas acerca del poder de la perspectiva, es importante hacer referencia a la ACTITUD positiva, no al PENSAMIENTO positivo. Existe una GRAN diferencia entre ambos. Muchos me dicen que el «poder del pensamiento positivo» no les da resultado, porque parece implicar que uno debe hundir su cabeza en la arena para escapar a la realidad. Cuando los problemas te atacan de repente como un tornado, no sirve de nada negar la seriedad de la situación. A lo que me refiero es al desarrollo de un *enfoque a la vida positivo y centrado en Dios* que acepta lo bueno y lo malo según se presenten, a la vez que te pones un manto de alabanza en vez de un espíritu abatido (Isaías 61.3, Biblia de las Américas).

El desarrollo de una actitud positiva implica esforzarse continuamente para descubrir aquello que levanta y alienta. Se puede hacer; lo sé porque he estudiado el tema de ser positivo, y como podrás ver en el relato que sigue, ¡todavía estoy aprendiendo!

El cambio de perspectiva en la Escuela de Tránsito

Recientemente recibí una simple pero práctica lección con respecto a la perspectiva cuando Bill me dejó en los Tribunales de Fullerton a eso de las siete de la mañana para pasar el día en la ESCUELA DE TRÁNSITO. No se suponía que las clases comenzasen hasta las ocho, pero se me dijo que llegase TEMPRANO para que me asignaran a una de las aulas, que a veces se llenaban con cierta rapidez.

Desafortunadamente, muchas otras personas habían llegado aún más temprano que yo. Como resultado, debo admitirlo, no tenía mi acostumbrado estado de ánimo POSITIVO.

Tenía un humor NEGATIVO y me sentía descorazonada. Cuando salimos de casa, había neblina y caía una fina llovizna, algo raro para el sur de California, pero parecía hacer juego con el resto de mi día. Cuando iba llegando al edificio de la corte, comenzó a llover. Mi pesar se incrementó cuando vi una larga y desordenada hilera de personas bajo paraguas negros que se extendía casi una cuadra por el costado del edificio. Todos esperaban que se abriesen la puerta para inscribirse en la escuela de tránsito.

Más tarde me enteré que ese día había *cuatrocientas personas* decididas a pasar ocho horas de instrucción con respecto a los horrores de los accidentes automovilísticos provocados por conducir en forma descuidada. (También deseaban evitar que quedasen sus multas registradas en su historial de manejar y, por supuesto, tampoco querían que se incrementasen las primas de sus pólizas de seguro.)

Al unirme a la larga y empapada hilera, recordé de nuevo cómo me habían puesto la multa: por conducir a cien kilómetros por hora en una zona que pensaba era de ochenta. Ese día en particular, me encontraba en un estado de ánimo positivo, aguardando con expectativa contar mi historia a un grupo compuesto por varios cientos de mujeres en un sitio donde me había comprometido a hablar, así que resultaba fácil decidir que «Haz lo que quieras, Señor», se aplicaba a TODOS los aspectos de la vida. Sonreí y hasta AGRADECÍ al oficial al firmar la multa por exceso de velocidad.

Aunque una cosa es sentirse positivo cuando a uno le ponen una multa; ¡y otra muy distinta es tener la necesidad de levantarse temprano un lluvioso sábado por la mañana para pasar el DÍA ENTERO en la escuela de tránsito! Y el hecho de tener que permanecer de pie en esa larga y empapada hilera de paraguas negros no ayudó para nada. (*¿Por qué será*, me preguntaba, *que toda la gente del sur de California parece tener un GRAN PARAGUAS NEGRO?*)

¡Vaya si tenemos una clase para ti!

Cuando finalmente llegué a la puerta, había una mujer sentada que inscribía a las personas y las dirigía a diversas aulas. En ese momento fue que me enteré que estaban casi completas las aulas.

«Veamos», murmuró. «Las aulas están realmente llenas... espero que podamos encontrarle un lugarcito. Pero primeramente, ¿me permite su licencia de conducir?»

Le presenté mi licencia y quizás con una pizca de irritación en la voz le inquirí por qué era necesario hacer eso. ¿Acaso no bastaba la copia de mi multa por la infracción y la notificación para presentarme a la escuela de tránsito?

—Algunos infractores, particularmente los que son profesionales, intentan contratar a personas para que se hagan pasar por ellos en la escuela de tránsito —explicó con paciencia—. ¡Simplemente debemos controlar cada licencia para asegurarnos de que la persona que se presenta a la escuela de tránsito es la MISMA que se sancionó!

—¿Dijo usted que todas las aulas estaban completas? —le pregunté con nerviosismo—. ¿No le queda ni una SOLA?

—Hay una clase especial en la cual creo que la podemos colocar. Es principalmente para motociclistas, pero tuvimos un par de mujeres que no alcanzaron a entrar a las clases regulares. Puede entrar a este grupo en el aula 208 y aun así obtener crédito por su asistencia.

Le dije que cualquier cosa que tuviese era aceptable para mí. En realidad, estaba agradecida de conseguir entrar en CUALQUIER grupo después de esperar una HORA afuera bajo la lluvia.

Con un ánimo aún MÁS negativo que el que tenía al salir de casa, caminé apresuradamente por el pasillo hasta encontrar al final el aula 208. Abrí la puerta, y aunque sabía que esta era una clase de «ciclistas», no estaba preparada para lo que vi. Había por lo menos doscientos tipos amontonados en un cuarto construido para no más de ciento setenta y cinco. Por dondequiera que miraba había pañuelos rojos de estampado escocés, barbas espesas y desaliñadas, camisetas sin mangas con inscripciones vulgares, tatuajes que eran aún más explícitos que las inscripciones de las camisetas, chamarras negras de cuero y botas pesadas y engrasadas. En la habitación sin ventanas hacía calor y el aire acondicionado *decididamente* no funcionaba. El olor que me golpeó parecía ser un cruce de un criadero de cerdos y una fábrica de pegamento.

Finalmente sí noté dos mujeres de «aspecto normal» como yo, pero estaban sentadas bien adelante. Además, no había manera de sentarse al lado de ellas porque todos esos asientos estaban ocupados. Después de pasar con cuidado por encima de varios pares de botas, encontré una silla desocupada.

Al lado mío, a mi derecha, estaba un enorme y barbado motociclista con tatuajes en ambos brazos. Se ceñía la frente con un pañuelo rojo de estampado escocés, y su largo cabello desgreñado le llegaba casi hasta los hombros. Ostentosos anillos relucían en sus dedos, y tenía otro pañuelo rojo en su mano. Daba el aspecto de haberlo usado para limpiar la grasa de su motocicleta, ¡pero mientras lo observaba se limpió el sudor del rostro! Luego lo puso sobre su rodilla y lo dejó colgando allí, listo para usarlo con rapidez cuando fuese necesario.

A mi otro lado estaba una increíble mole de abdomen prominente, botas gigantescas y tatuajes aún más grandes que el primer ciclista. A sus pies había un casco cubierto de insignias, incluyendo por lo menos dos esvásticas.

Era una multitud variada, ¡y me quedo corta! Me vino a la mente el viejo dicho: «No quisiera toparme con ninguno de estos tipos en un callejón oscuro». ¡Es más, tampoco me entusiasmaba encontrarme con ellos en una escuela de tránsito!

«¡Busco unos pocos estudiantes buenos!»

Teniendo la sensación de que mi día no se había iniciado en una nota muy positiva, intenté hundirme en mi silla y pasar inadvertida a los motociclistas que me rodeaban. En ese momento entró nuestro maestro. Tenía aspecto de un instructor de reclutas del cercano Camp Pendleton y sonaba como tal. Y no era de sorprenderse. Lo primero que nos informó fue que era ex marino y oficial de la California Highway Patrol [Patrulla de Camino de California], y que no toleraría NINGÚN desatino de parte de nadie.

«¡Ahora bien! Escúchenme todos», gruñó. «En mi clase NO está permitido dormirse, NO está permitido escribir notas, NO está permitido leer y NO está permitido pedir usar el teléfono ubicado en el pasillo. No se les dará permiso para ir al baño hasta que tomemos un descanso para almorzar. No intenten escaparse cuando no estoy mirando, porque hay un oficial apostado del otro lado de la puerta que los atrapará en un segundo. Cualquiera que sea irrespetuoso deberá irse y eso significa perder el crédito por haber asistido a la escuela de tránsito».

Luego, con evidente gusto, nuestro instructor nos contó de un hombre que asistió a la escuela todo el día y a las cuatro y media, antes de la hora de finalización, fue irrespetuoso y lo despidieron sin que se le otorgara el crédito. Nuestro instructor sabía exactamente por qué nos encontrábamos allí: para pasar todo el día en ese lugar y así poder eliminar los puntos provenientes de la multa. ¡Nos tenía en sus garras durante las siguientes ocho horas y debíamos comportarnos como prisioneros modelos durante cada segundo!

A excepción de un breve descanso para almorzar, pasamos TODO EL DÍA apiñados en ese cuarto caliente y SIN AIRE ACONDICIONADO. Ninguno deseábamos estar allí, pero no nos quedaba otra alternativa que escuchar a nuestro instructor ex integrante de la marina mientras nos lanzaba con entusiasmo los datos acerca del tránsito desastroso. Aprendimos mucho más de lo que deseábamos saber, incluyendo la diferencia entre una infracción de un punto y la de dos puntos, y la cantidad de puntos que se requerían para perder la licencia de conducir. Y, por supuesto, estaban las películas... una acerca de conducir en forma defensiva y otra que mostraba lo que sucede cuando las personas manejan automóviles en forma descuidada. Finalmente llegó el momento de nuestra «graduación».

Pensé que podía permanecer en el anonimato, pero...

Al nombrarnos el instructor con su voz fuerte y ronca debíamos marchar, uno a uno, hasta el frente para aceptar nuestros «diplomas»: los certificados que probaban que habíamos completado la escuela de tránsito, asegurándonos que ahora nuestro historial estaría limpio.

Por último, el instructor llegó a mi nombre y dijo en voz tronante: «BÁRBARA ELIZABETH JOHNSON». (Por algún motivo me trajo a la memoria mi niñez. Las únicas veces que había escuchado que usasen mi segundo nombre era cuando mi madre se molestaba conmigo.)

Sintiéndome muy oficial mientras me preguntaba por qué no estaban tocando «Pompa y circunstancia», me dirigí al frente para recibir mi certificado. Mientras le sonreía a nuestro instructor, tomé la codiciada hoja de papel y giré con rapidez para abandonar el lugar. Después de pasar ocho horas desdichadas en un cuarto caliente y hediondo junto con personas que no eran de mi tipo, sólo deseaba salir de allí VELOZMENTE. *Al menos*, pensé, *en ESTE grupo no hay posibilidad de que me encuentre con alguno que me conoce.*

¡Me equivoqué! Al pasar como un rayo a un lado de otra de las damas de «aspecto normal», esta se levantó de un salto y me agarró, casi gritando: «¡BÁRBARA JOHNSON! He leído todos tus libros y me alegra TANTO poder al fin conocerte».

No había nada que pudiese hacer, no tenía lugar hacia donde correr. La mujer me dio un abrazo de oso y estaba atrapada. Creo que Moisés dijo: «Sabed que vuestro pecado os alcanzará».[1] Pues bien, Moisés era alguien que debía saberlo de verdad. Lo descubrieron después que asesinó a un egipcio y lo sepultó en la arena. Pero yo no había asesinado a nadie. Simplemente había excedido un poco el límite de velocidad sin tener la intención de hacerlo. ¿Acaso no fue Murphy la persona a la que se le ocurrió la ley que dice: «Si existe la posibilidad de que algo salga mal, eso sucederá»? En ese momento, mientras todos esos motociclistas clavaban en mí sus miradas, me surgió la Regla de oro de Johnson:

SI ASISTES A LA ESCUELA DE TRÁNSITO,
ALGUNO TE RECONOCERÁ.

Y bueno, decidí tomarlo con tranquilidad. Ocultando mi vergüenza lo más que podía, le dije que toda persona a la que le agradan mis libros es mi amiga al instante y conversamos mientras íbamos saliendo de la escuela de tránsito. Resultó ser de una iglesia cercana que pastoreaba un ministro destacado a quien conocía.

«Espero que no tengas la intención de decirle a tu pastor que me viste en la escuela de tránsito», le dije mientras me reía.

«Ah, no, no lo haré», me aseguró. «Tampoco me interesa particularmente que se entere que *yo* he estado aquí».

Ese día aprendí varias lecciones

En ese mismo momento se acercó Bill. Le dije adiós a mi nueva amiga y subí al automóvil. Mientras íbamos andando, permanecí en silencio durante varios kilómetros, reflexionando sobre lo que había aprendido en un día de neblina y lluvia en un aula caliente y apestosa de la escuela de tránsito. Sí, había visto unas imágenes explícitas de personas ensangrentadas que retiraban de masas retorcidas de metal y me habían recordado lo peligroso que puede resultar un automóvil, pero esa no fue la única lección aprendida. Mis otros maestros fueron un grupo variado de motociclistas y una dama agradable, de «aspecto normal» que me había identificado cuando tenía la esperanza de seguir en el ANONIMATO.

Sí, mi pecado me alcanzó, y me vinieron a la mente otros pasajes de las Escrituras tales como: «Nadie tenga un concepto más alto de sí del que debe tener» y «con humildad consideren a los demás como superiores a ustedes mismos».[2] Casi podía escuchar a Jesús diciendo: «Sabes una cosa, Bárbara, solía pasar mucho tiempo con personas como estas. Morí por ellas del mismo modo que morí por ti».

Sentí vergüenza al darme cuenta que mi concepto de «normal» lo provocaba el esnobismo. Después de todo, según dice Patsy Clairmont:

NORMAL SÓLO ES UNA DE LAS OPCIONES
DE TU SECADORA.[3]

Y al considerar esos dos ciclistas enormes que se sentaron a ambos lados de mí, me vino a la mente otro dicho:

SI ALGUNA VEZ HEMOS DE ERRAR EN NUESTRO JUICIO,
QUE SEA PARA EL LADO DE LA MISERICORDIA.

En alguna parte esos dos jóvenes tenían madres que tal vez se quedaban levantadas de noche preocupándose por ellos. Elevé una rápida oración por ambos motociclistas, en especial el tipo que tenía esvásticas en su casco, deseando que hubiese algún modo de cubrir esos desagradables símbolos con figuritas adhesivas de los Ositos Cariñosos las cuales me gusta pegar en las cartas.

Esos momentos de oración me han hecho sentir mejor. A pesar de las cosas negativas que formaron parte de mi día de escuela de tránsito, me di cuenta que había muchas cosas por las cuales sentirme animada. Por otro lado, borraron mi sanción. Me vino a la mente el Salmo 32.1: «Bienaventurado aquel cuya transgresión ha sido perdonada, y cubierto su pecado» (Reina Valera).

Y aunque me descubrió alguien cuando no deseaba que nadie me reconociera, ella resultó ser una muchacha jovial. Al compadecernos mutuamente por la escuela de tránsito me acordé de algo que dijo la estrella de ópera, Beverly Sills:

No soy alegre, soy jovial. Hay una diferencia. Una mujer alegre no tiene preocupación alguna. Una mujer jovial tiene preocupaciones, pero ha aprendido cómo tratar con ellas.

Por supuesto que hay muchos problemas que son mucho más serios que tener que asistir a la escuela de tránsito. Yo misma he tenido algunos, al igual que muchos otros, y en este capítulo he incluido las cartas de algunos de ellos. El punto a

Si vas en sentido equivocado... Recuerda que Dios permite giros en U.

Abre nuestros ojos, para que nos convirtamos de las tinieblas a la luz... Hechos 26.18

©«Sonshine Promises», creado por Gretchen Clasby, Cedar Hill Studio. Usado con permiso.

destacarse en mi historia de la escuela de tránsito es que para cambiar una situación de mala a buena, de derrota a victoria, casi siempre hace falta un cambio en tu actitud y en tu forma de percibirla. Muchas veces esto no se logra mientras vas conduciendo tu auto a casa. Quizás requiera de años, pero Dios puede hacernos la melodía agradable para su gloria.

Una mamá escribió para contar que se había enterado que su hijo era homosexual mientras era estudiante en una universidad cristiana. Desde entonces han pasado muchos años, pero él ha permanecido en el estilo de vida homosexual. La carta de dicha mamá continuaba así:

> Durante estos últimos años nuestras emociones han estado en una montaña rusa; es probable que hayamos experimentado todo sentimiento imaginable. Pude encontrar liberación y alivio mucho antes que mi esposo, pues sólo hace un mes que, durante una seria enfermedad seguida a una sobredosis de drogas, nuestro hijo pidió por su papá. En esa ocasión ambos experimentaron una maravillosa sanidad y reconciliación.
>
> Si no fuese por la gracia y la fortaleza que recibo diariamente de Dios, jamás podría acabar esta carta diciéndote cuánto me he reído y vuelto a reír al leer tu libro. No tengo las respuestas, ¡pero SÍ TENGO A DIOS!

Esta querida mamá tiene razón. No tenemos todas las respuestas, pero sí tenemos a Dios, y es por eso que tenemos la capacidad de decidir si vamos a ser positivos o permitir que las diarias frustraciones de la vida roben nuestro gozo. De modo que sigue esforzándote por tener una perspectiva positiva y sigue manteniéndote a la cabeza del juego al recordar estas palabras dichas por una dama de noventa y cinco años en un hogar de ancianos:

ME LEVANTO POR LA MAÑANA,
APOYO MIS PIES EN EL SUELO,
SÉ QUIÉN SOY,
SÉ QUÉ DÍA ES,
Y DIGO: «¡ALABADO SEA EL SEÑOR!»

Espanta espantos

UN PESIMISTA ES ALGUIEN QUE CREE
QUE CUANDO SU COPA REBOSE...
LE HARÁ FALTA UNA BAYETA.

POR FAVOR, ¿PODRÍA LA ÚLTIMA PERSONA
EN SALIR DEL TÚNEL APAGAR LA LUZ?

ALGUNOS SE QUEJAN PORQUE LA ROSA TIENE ESPINAS;
OTROS DAN GRACIAS
PORQUE LAS ESPINAS TIENEN ROSAS.

Extraído de la correspondencia de Espátula:
Cuando los que sufrimos por alguna situación vivimos
entre las espinas, es maravilloso leer un libro que nos
conduzca a la belleza de un rosa en la punta del tallo.
Te lo agradezco y aprecio.

FE ES VER LA LUZ CON TU CORAZÓN
CUANDO LO ÚNICO QUE VEN TUS OJOS ES LA
OSCURIDAD.

ORACIÓN DEL ALFABETO

A... Amante Dios
B... Bendice a mi familia y a mí
C... Consuélame
D... Dame unos pocos y buenos amigos
E... Enséñame a amar sin condiciones
F... Fortaléceme
G... Guíame a aguas de reposo
H... Háblame, quiero hacer tu voluntad
I... Inspira gozo en mí
J... Junto a ti deseo andar
L... Lávame en tu sangre
M... Mi deseo es ser un vaso de tu amor

N ... Novedad de vida crea en mí, Señor
O ... Obra tú, Señor, abriendo nuevas puertas
P ... Por favor, concédeme paz mental
Q ... Quiero que sacies mi sed de conocimiento
R ... Reside conmigo por siempre
S ... Sálvame del peligro
T ... Tu amor me inspire siempre
U ... Úsame para inspirar a otros
V ... Visítame en la soledad
X ... XXX representa mi amor por ti
Y ... Yo soy tu siervo

Evelyn Heinz[4]

NUNCA TE DAÑA LA VISTA
MIRAR EL LADO BUENO DE LAS COSAS.

Lista de control de la actitud positiva:
____ Llenar lo que está vacío.
____ Vaciar lo que está lleno.
____ Rascar donde pica.

LA MAYORÍA DE LAS PERSONAS TIENEN DISPOSICIÓN
DE CAMBIAR, NO POR VER LA LUZ,
SINO POR SENTIR LA APLICACIÓN DEL CALOR.

Por eso nunca nos damos por vencidos. Aunque este cuerpo nuestro se va desgastando, por dentro nos fortalecemos cada vez más en el Señor. De todas maneras, estos problemas y estos sufrimientos nuestros son pequeños y no se prolongarán demasiado. Y este breve y momentáneo período de tribulación redundará en abundantes y eternas bendiciones de Dios para nosotros. Por lo tanto, no nos importa lo que ahora se ve, ni las tribulaciones que nos rodean, sino que fijamos la mirada en los goces celestiales que todavía no vemos. Pronto cesarán los problemas presentes, pero los goces que disfrutaremos no cesarán jamás. (2 Corintios 4.16-18, La Biblia al día)

7

La vida es un gran lienzo...
échale toda la pintura que puedas

«Soy soltera», empezaba diciendo su carta, «así que no tengo hijos excepto por mis estudiantes. Voy a tratar de "DE-CIDIR SER FELIZ" y "BUSCAR EL GOZO". Las personas piensan que he perdido la razón porque digo en voz alta: "¡ESTOY BUSCANDO EL GOZO!"»

Esta dama no ha perdido la razón; por el contrario, ha descubierto el secreto para salirse del fondo y llegar hasta la cima. Si estás BUSCANDO el gozo y has DECIDIDO ser feliz, este capítulo está cargado de ideas especiales para ti. ¡Diviértete!

Haz la prueba de festejar el primero de cada mes

Un nuevo mes siempre es especial para mí. Me gusta festejar intensamente el primer día del mes cambiando las sábanas, dándome un estimulante baño de burbujas y haciendo cosas divertidas sólo para mí. El único problema es que desde que he mencionado en otros libros cómo celebro el primer día de cada mes, muchos me empiezan a llamar desde las cinco de la mañana para preguntarme lo que haré para festejar. Luego me dicen lo que harán ELLOS.

Así que el primer día de cada mes paso la mayor parte de la mañana contestando el teléfono. El mes pasado ya había llegado el MEDIODÍA antes de tener oportunidad siquiera de cepillarme los dientes, ¡todo eso porque el teléfono no dejaba de sonar con las llamadas de los que me deseaban un feliz día y deseaban participar conmigo del festejo del primer día del mes!

Empiezo a aguardar con expectativa el nuevo mes aproximadamente una semana antes de su llegada, mediante la planificación de algo sencillo, pero DIVERTIDO. A veces sólo se trata de hacer una llamada de larga distancia o de escribirle una nota a algún ser querido con el cual no me he comunicado por mucho tiempo.

Sin embargo, el primer día del mes no abro la correspondencia, ni cocino, ni hago nada que no sea ESPECIAL. A veces pruebo un nuevo estilo de peinado, o quizás me compro un nuevo par de aretes. Al igual que todos los demás, recibo montones de catálogos y otros avisos comerciales durante el mes y nunca tengo tiempo suficiente para echarles un vistazo. A veces el primer día del mes desconecto el teléfono, me pongo bien cómoda y «hago compras» por catálogo.

Ese primer día es ESPECIAL para mí. Nadie me está halando ni tironeando por una fecha de vencimiento. Nadie está exigiendo de mi tiempo. Es MI DÍA para mimarme y, vaya, ¡sí que he aprendido a hacerlo!

En un reciente día primero de mes conduje mi automóvil hasta un elevado risco con vista a la autopista, me estacioné y simplemente me quedé allí sentada observando toda la actividad que se desarrollaba allá abajo. Puse un fantástico casete nuevo de los Gaither y disfruté de la música, sintiendo gran gratitud de no estar abajo en la autopista, sino de estar arriba en altura, observando desde mi apartado punto de visualización.

El primero de mes es un día para recargar y renovar. Todos necesitamos tomar tiempo para volver a cargar nuestros tanques de cualquier modo que nos dé resultado. Después de todo:

NO PUEDES DAR NADA
SI TU PROPIO TANQUE ESTÁ VACÍO.

Para recargar mi tanque, hasta convierto en festejo el acto de cambiar las sábanas. No hay nada que resulte tan fragante y entretenido como sábanas frescas y limpias, ¿no te parece?

¡Alabado sea el Señor! ¡Es viernes!

Convertir el primer día del mes en un día especial sólo es un ejemplo de cómo puedes ponerle mayor entusiasmo a tu vida, algo altamente recomendado por los sicólogos. Una mamá de dos hijos adultos, que llevan vidas opuestas por completo a su crianza cristiana, escribió para contar cómo fue que hizo del viernes su día especial:

> En uno de mis momentos de más depresión, al orar un viernes por la mañana bien temprano, le dije a Dios que sentía la necesidad de que se me ministrase, que este día sería *mi* día y que por un día sabía que podía confiar en Él para que se hiciese cargo de estos hijos que ambos amábamos. *Sí*, pensé, *sé que lo puedo hacer por este único día*. Dios verdaderamente me ministró ese día. Cada vez que intentaban infiltrarse los pensamientos de preocupación, decía: «¡Gracias, Dios mío, por ocuparte hoy de las necesidades de mis hijos!» ¡Ciertamente Dios me ministró en gran manera ese día!
>
> Luego decidí que sería una gran idea para cada semana: apartar el viernes para que Dios ministrase a MIS necesidades. Muchos de los problemas que me preocupaban en aquel entonces se han resuelto. Fue el principio del regreso del gozo a mi vida.
>
> El viernes sigue siendo el día en que Dios ME ministra. Lo espero con anticipación. Le entrego a Dios cualquier cosa que me preocupa... al menos por un día. Me visto lo más atractivamente que puedo, me pongo mi perfume preferido y hago todo lo que siento que Dios me guía a hacer. Le alabo y le agradezco a lo largo del día, y soy fortalecida de una manera maravillosa.
>
> Creo que si los padres que sufren pudiesen permitir que Dios se hiciese cargo un solo día, empezarían de nuevo a sentir gozo en sus vidas. Si mi experiencia puede ser de ayuda para una persona, la comunicaré con gozo.

¿Y por qué no un «día festivo» para los seres queridos perdidos?

Hace poco recibí otra carta de una amiga de Espátula que había notado que se aproximaba el «día de Tim». Luego su carta explicaba a continuación:

En mis grupos de apoyo aquí y cuando voy a hablar a otros, les cuento a todos la idea que había expresado un padre apenado en una carta dirigida a *Compassionate Friends* [Amigos compasivos]. Dijo que teníamos días festivos para Washington, Lincoln, Martin Luther King, etc. Todas las personas importantes tenían asignado un día festivo. Pues bien, la persona más importante para él era su Kathy y decidió que si ninguna otra persona deseaba hacerlo, al menos *él* quería que ella fuese recordada durante el año. Así que decidió implementar el día de su muerte como el día de Kathy.

Mencionó que se tomaba libre ese día si no caía en un fin de semana y cada año iba primeramente al cementerio, donde le contaba a Kathy los acontecimientos familiares. Luego pasaba el resto del día haciendo algo que sabía que le agradaría a ella, tal como visitar un museo, hacer un viaje de un día, ir a la playa o lo que fuera. Acabó diciendo: «En lo profundo de mi corazón no puedo dejar pasar doce meses del año sin festejar mi día de Kathy».

Todos los que hemos perdido un tesoro especial y nos enteramos de esta idea pensamos que es bastante agradable. ¿Acaso no lo expresó bien? ¡Y resulta mucho más fácil cuando se aproxima ese día considerarlo como un tributo a nuestra persona querida en lugar de un día para dedicar únicamente a memorias temidas y atemorizantes!

Además, tal parece que tu Tim fuese un joven fantástico y un encanto. Tenía grandes metas, disfrutaba de la vida, etc. ¡Cuán imposible resulta creer que pudiese desaparecer después que hablases con él! ¡¡Pero cuánto orgullo debe sentir ahora por sus padres y su ministerio!!

Mi «día de Greg» cumplió una década el año pasado, así que se aproximan los once años. Me dejó anonadada que hubiesen pasado diez años. ¡Cuánto deseaba aún que la gente mencionase su nombre y recordase que había existido... con seguridad, a ti también te debe pasar!

La primera vez que leí esta carta, pensé: *¡Qué manera fabulosa de convertir el aniversario de una muerte en un DÍA BUENO!* Desde entonces, yo también he festejado el día de Tim y también el de Steven.

Se ha dicho que el secreto de una vida gozosa es celebrar ALGO todos los días, a pesar de lo insignificante que parezca.

Quizás tu agenda no te permite tomar un día completo para ti, pero debieras dedicar al menos unos pocos minutos a una actividad especial que disfrutas.

Cómo recibir regalos «garantizados»

Una forma de ponerle mayor celebración a tu vida es comenzar asegurándote de que recibas al menos un presente por cada uno de los días festivos especiales que siempre son importantes para las mujeres. Hablo con muchas mujeres que pasan por la mayoría de los días festivos sin recibir un lindo obsequio envuelto para regalo que lleve puesto su nombre. Ah, sí, ellas envuelven regalos para otros, pero por algún motivo sus esposos dan un regalo, por lo general para Navidad, que se supone debe durarles todo el año. Otros días importantes como cumpleaños, Día de las Madres, aniversarios y Día de los Enamorados tal vez pasen inadvertidos.

Existe un REMEDIO FABULOSO para este problema. He aquí lo que puedes hacer. Inmediatamente después del primer día del año (cuando la mayoría de los negocios tienen especiales y rebajan mucho los precios) encuentra una tienda que venda lindos regalitos y que también haga la cortesía de envolver los paquetes. Escoge por lo menos cinco regalos para ti que alcancen para tu cumpleaños, el Día de los Enamorados, el Día de las Madres, el aniversario de bodas y Navidad. No es necesario que sean costosos. Alguna cosa de aproximadamente cinco dólares casi siempre basta para que califique para el envoltorio gratis.

En mi caso, compro mis regalos especiales en el cercano Knott's Berry Farm, donde preparan hermosos envoltorios. Luego traigo a casa mis cinco regalos y los coloco alrededor de la casa en sitios prominentes donde tendré que moverlos cuando limpio. De ese modo los muevo tanto que me olvido qué hay en cada paquete, entonces cada uno es una sorpresa cuando lo abro.

Esta idea resulta de maravillas. Cuando alguien te pregunta qué te regalaron para tu cumpleaños o para el Día de las Madres, puedes orgullosamente mostrar el hermoso regalo que «recibiste». (Sé discreta. No es necesario que sepan que te lo compraste.)

Tu esposo debiera quedar encantado. Es más, ambos quedarán felices como perdices porque él queda liberado de hacer compras, lo cual la mayoría de los hombres detesta hacer, y tú recibes algo que querías. No sólo eso, sino que tus regalos de bella envoltura decorarán tu casa la mayor parte del año, y podrás disfrutar del papel reluciente y moño brillante mientras aguardas con expectativa la apertura de cada regalo.

Esta idea da tan buen resultado que tal vez quieras ampliarla con la compra de pequeños regalos que puedas abrir el primer día de cada mes. Estoy considerando hacer eso, porque cuando sólo compro cinco regalos, para cuando llega el Día de San Valentín,* ¡ya los he repartido y NO QUEDA NINGUNO!

Una amiga pasó por casa el año pasado después de comprar mis cinco regalos y colocarlos en diversos lugares de la casa. Ella estaba pasando por momentos de desesperada dificultad y tenía verdadera necesidad de sentirse especial. De modo que allí se fue un regalo para ella. Luego vino otra amiga que acababa de enterarse que tenía un abultamiento sospechoso en el pecho. Supe que a ella le vendría bien un regalo especial, así que allí se fue el segundo.

Unos pocos días después, unos amigos pasaron por casa y me enteré que su hijo se estaba muriendo de SIDA. Naturalmente, no podían irse sin un pequeño recuerdo especial.

Luego tuve la visita de una amiga cuyo hijo había muerto en un accidente de avión. Qué consolador resultaba, después de orar juntas, colocar en sus manos otro de los regalos que había comprado para mí.

¡Así que ni siquiera había llegado el Día de San Valentín y ya habían desaparecido cuatro de mis regalos! Durante la primera semana de febrero, nos sorprendió con su visita una antigua amiga de la universidad que por casualidad estaba en la zona. Qué maravilloso fue renovar juntas viejas memorias. ¡Y cuando me enteré que era su cumpleaños, no pude permitir que se fuera sin un regalo!

Así que ahora ya se habían ido mis cinco regalos especiales,

* N. del T.: El Día de San Valentín es el 14 de febrero, fecha en la que se festeja el Día de los Enamorados.

pero qué bendición múltiple me habían resultado todos. Primero, había disfrutado comprando los regalos para mí (por egoísta que parezca). Segundo, había gozado de mirar los paquetes de bella envoltura mientras decoraban nuestra sala. Y luego, cuando di a otros mis regalos y miré cómo los abrían mis amigas, fue una triple bendición ver su deleite.

Como es posible que dé a otros mis regalos, me aseguro de que el papel que los cubre no indique ninguna fiesta en particular. Simplemente les pido a los encargados de empaquetar que lo dejen brillante y divertido... que el papel sea tipo celebración. De este modo, puedo obsequiar cualquiera de los regalos cuando quiera.

He estado festejando con regalos que he comprado para mí durante los últimos dos años, pero he descubierto que nunca me duran hasta mi cumpleaños en diciembre o hasta la Navidad. ¡Pero cuánto me divierte darlos a otros! Cada persona que recibió uno de mis regalos pensó que lo había adquirido expresamente para ella. No importa que en realidad los haya comprado para mí. En cuanto veo una necesidad, me alegra poder dar a otros por causa del efecto bumerán que me devuelve tanto placer. Y además, si regalo todos mis obsequios antes de que sea tiempo de abrirlos, simplemente vuelvo a comenzar, ¡yendo otra vez a la tienda de regalos para reemplazarlos con nuevas adquisiciones!

El regocijo limitado por el presupuesto

Si tu presupuesto no permite que compres regalos ahora, no importa. No es necesario que los festejos sean caros. Si miras a tu alrededor, puedes encontrar docenas de maneras pequeñas de celebrar que no sean costosas, de engorde, ni ilegales. Una de las mejores definiciones de celebración que he visto es «regocijo», y existen maneras ilimitadas de hacer eso.

Por ejemplo, ¿alguna vez te ha tocado conducir por la autopista, donde te deslizas a velocidad de crucero, y luego le echas un vistazo al tráfico que va en sentido opuesto y notas que está embotellado por kilómetros y kilómetros? Cuando sucede eso, ¡me sobreviene un GOZO repentino y me siento tan agradecida de estar avanzando en sentido contrario!

O, ¿alguna vez has manchado un vestido, lo has lavado y

Al celebrar con otros, nosotros mismos disfrutamos de la celebración.

Ilustración de «Suzy's Zoo» ©'92 Suzy Spafford. Usado con permiso.

luego ha DESAPARECIDO toda la mancha? Eso SÍ es algo especial, como también lo es que salgan de la secadora de ropas todas las medias formando pares exactos. ¿Y qué de hacer el balance de tu chequera de modo que realmente esté balanceada o que sólo tenga una diferencia de unos pocos dólares? Para mí, ¡ESO es fabuloso y lo celebro!

Cuando compramos alimentos, Bill y yo tratamos de adivinar cuál será el total antes de llegar a la caja registradora. El que se aproxime más al total correcto recibe un premio especial. Estoy segura de que la cajera y el que embolsa las compras debe vernos llegando a la caja, y quizás hacen chistes acerca de la pareja que compite por un premio mediante la determinación de quién hace el cálculo más aproximado al total de su compra de alimentos. Al menos les provee de un pequeño cambio en su rutina porque al final tienen clientes que verdaderamente DISFRUTAN de recibir su recibo de la caja registradora. Casi siempre gana Bill, así que se premia con un helado o alguna otra golosina.

En realidad, no es necesario que dejes pasar un día sin

encontrar ALGÚN motivo para festejar... aunque sea algo que a otros les parezca insignificante. ¿Alguna vez has festejado que al fin te hayan brotado flores en el jardín del fondo de tu casa? ¿Y qué te parece celebrar la culminación de un suéter que has estado tejiendo durante los últimos seis meses?

Las ideas de celebración prácticamente no tiene límite

Las cosas que puedes hacer para celebrar no tienen límite. He aquí tres ideas más que son relativamente económicas que tal vez quieras adaptar, o quizás gatillen ideas propias que sean aun mejores:

- Llama a una amiga e invítala para que juntas horneen galletas o elaboren caramelos. Luego envuelve en papel de regalo lo que hayan hecho y llévenselo a alguno que verdaderamente lo apreciaría. Procura la ayuda de tus niños y cuando te pregunten cuál es la ocasión especial, diles simplemente: «Ninguna ocasión especial... sólo deseamos celebrar haciendo algo agradable para otro».

- Puedes convertir a los fines de semana en acontecimientos especiales haciendo un desayuno de celebración... quizás los sábados. (Si asistes a la iglesia, los domingos por la mañana suelen ser demasiado movidos.) El menú para tu desayuno de celebración debiera incluir las especialidades que le gustan a tu familia. O quizás quieras invitar a amigos para comer waffles, panqueques o esas tortillas especiales que sólo tú sabes hacer. Asegúrate de tener una linda selección de jaleas y mermeladas, algo que tenga tu toque especial. La idea no es la de pasar tu fin de semana intentando completar todas esas listas de «cosas para hacer» que no se realizaron durante la semana. Siempre me ha agradado esta pequeña broma acerca de lo enloquecida que puede tornarse la vida:
  Pero los sábados, olvídate de toda la lucha... es más, PIERDE LA LISTA y sencillamente celebra el sábado como día libre de tu semana normal de trabajo: un día en el que puedes hacer «lo que te plazca». Manténlo libre de tareas rutinarias.

- Si tienes una chimenea, elige un día lluvioso para invitar a una amiga a tomar té, o para almorzar, si te parece. Cubre con un bonito mantel la mesita frente a la chimenea, o utiliza sólo una mesa de juego. Recuerda, no te hace falta una

«ocasión especial». El simple hecho de festejar la amistad que tienen es motivo suficiente. Por supuesto que una de las dos puede haber recibido una carta alentadora de un hijo que está en la universidad o quizás de un hijo adulto que está casado y vive lejos de casa. Existen muchos motivos para celebrar, ¡sólo es necesario que los busques![1]

La vida es corta... ¡celebra ahora!

Una de las razones por las que debiéramos festejar más es porque la vida se pasa más rápidamente de lo que podamos imaginar. Cuando nos queremos dar cuenta, ya se nos ha pasado la ocasión de disfrutar de tantas cosas maravillosas por sentir que debemos reservarlas para el «mejor momento dominical». O quizás esperamos que se dé esa ocasión especial que al parecer nunca llega.

Al igual que yo, es posible que hayas leído más de un informe acerca de cómo muere alguno y los parientes que le sobreviven encuentran todo tipo de cosas bellas que nunca se utilizaron. Es posible que nunca se hayan sentado sobre los muebles del recibidor. Ropa nueva de bebé puede haber quedado olvidada en un cajón por haber sido demasiado linda para que un bebé le regurgitara encima y, por supuesto, el bebé creció demasiado para que le sirviera. A lo mejor, toallas con bellos bordados estaban ocultas en otro cajón, obviamente reservadas para esa ocasión especial que al parecer nunca llegaba.

Es posible que se encuentren este tipo de cosas por toda la casa. La querida persona que falleció había reservado todas sus cosas hermosas para ocasiones especiales que nunca llegaron.

Cuando leo o escucho historias de este tipo, me recuerdan que es fácil negarse uno mismo muchos de los placeres simples de la vida sencillamente por querer ser «práctico». Es por eso que recomiendo con tanta intensidad la idea de tener una CAJA DE GOZO, la cual, en mi caso, ha crecido hasta convertirse en un CUARTO DE GOZO, de aproximadamente 3,60 m de ancho por 18 m de largo.

Durante años he animado a las personas para que se convirtiesen en «coleccionistas de gozo». No cuesta mucho, o casi nada, empezar la colección. Lo único que necesitas es una caja de zapatos decorada con papel brillante y reluciente. A través de los años, cientos de mujeres de Espátula, si no miles, han iniciado sus propias cajas de gozo llenándolas con cosas sencillas: caricaturas, poemas y dichos o refranes recortados de la carta circular *Love Line* o de diarios o revistas.

Tarjetas especiales recibidas el Día de las Madres, cumpleaños, etc., también son ideales para tu caja de gozo. Tu colección no necesita ser cara. El único requisito es que todo lo que contenga debe LEVANTAR EL ESPÍRITU... algo que te anime y te haga sonreír. Por ejemplo: una amiga acaba de mandarme esto:

NOS DAN DELEITE Y CALOR LOS ABRAZOS,
SERÁ POR ESO QUE DIOS NOS DIO BRAZOS.

Por allá cuando empezamos Espátula, solía ir a las farmacias Thrifty a comprar sandalias baratas, con el único fin de conseguir suficientes cajas de zapatos. Las decoraba y se las daba a las personas que venían a nuestras reuniones. A la larga llegué a tener tantos pares de sandalias que decidí que debía haber alguna forma más económica de ayudar a la gente para que iniciasen sus propias cajas de gozo. Así que empecé

Ilustración de «Suzy's Zoo». © "82 Suzy Spafford. Usado con permiso.

a usar nuestras cajas de sobres que nos quedaban vacías después de enviar nuestra carta circular *Love Line*. Siempre contamos con unas cuantas de esas por aquí, y son fantásticas para hacer cajas de gozo.

Nuestras mantalmohadas nos dan gran gozo

Desde que se inició Espátula he recibido literalmente cientos de cosas divertidas de personas que deseaban comunicarme su gozo. Recientemente una preciosa mujer llamada Bertie nos envió a Bill y a mí nuestras propias MANTALMOHADAS. En su nota explicó que algunas personas las llaman «almohadas mágicas» porque parecen ALMOHADAS, pero al abrirlas se convierten en MANTAS que puedes llevar en un día de campo o las puedes usar para cubrirte los pies mientras miras TV.

Como podrás adivinar, mi mantalmohada está cubierta de geranios. La de Bill tiene un simpático osito de peluche. Bill es especialista en abrazos de oso, así que pienso que el oso de peluche en su mantalmohada es un símbolo perfecto de su corazón cariñoso.

Bertie ha hecho más de trescientas mantalmohadas a lo largo de los últimos años y las sigue fabricando... regalando de este novedoso modo su gozo. Cada vez que Bill y yo nos acomodamos debajo de nuestras mantalmohadas, reflexiono acerca de cómo Dios nunca nos da un «manto de culpa». En lugar de eso, su manta de seguridad es siempre cálida y abrigada, como las mantalmohadas que nos hizo Bertie.

¿Por qué no convertirse en coleccionista de gozo?

Los espatulanderos siguen enviándome nuevos elementos para agregar a mi cuarto de gozo casi cada semana. Me agradan especialmente los banderines grandes y de brillantes colores con letras en verde, rojo, azul y amarillo que dicen: «¡Celebremos!» Otro arribo reciente es un teléfono con forma de tren. Cuando suena el teléfono, el tren hace CLAN-CLAN... CHU-CHU... y suena un silbato, así que es divertido cuando llama la gente y escucho el sonar de mi teléfono tren.

Desde que escribí *Ponte una flor*, he recibido todo tipo concebible de obsequios de gozo con motivos de geranio. Tengo sombreros con geranios, platos y toallas. Hasta tengo un par de chinelas con geranios bordados, así como también un vitral que tiene una gorra amarilla adornada con un geranio rojo.

Todo lo que está en mi cuarto de gozo me deleita porque mucho de lo que hay allí refleja el amor que otros nos han devuelto a Bill y a mí. A veces pienso que debiéramos denominarlo nuestro Cuarto Bumerán, porque el amor que hemos enviado a través de libros y cartas circulares ha ministrado a muchas personas que ahora desean devolvernos un poco del gozo infundido en sus corazones. Parafraseando el dicho conocido: «Todo lo que va, vuelve, A VECES MULTIPLICADO POR DIEZ».

Cuando adquieres el hábito de coleccionar gozo, tienes tu

propia terapia incorporada. El gozo está en todas partes. Lo único que debes hacer es buscarlo y luego usarlo en lugar de guardarlo para sacar a relucir el domingo o en alguna ocasión especial.

Tener una caja de gozo, o incluso un cuarto de gozo, es una de las mejores maneras de permanecer en un estado mental que celebra la vida en lugar de dejar que se pase sin dar uso a los placeres sencillos de la vida. Según lo expresó una mujer en la nota breve que me enviara: «Ayer y hoy escuché tu casete... ¡qué bendición! Aunque nunca nos hemos conocido, te siento cercana a causa de tu sinceridad. Me has enseñado a llenar mi medio con gozo... así que ahora no compro nada que no sea "feliz". ¡Verdaderamente da resultado!»

Haz la prueba de dar obsequios sin lazos

Existen muchas cosas agradables que podemos dar a otros. Es como lanzar un guijarro a un estanque para observar cómo se van formando ondas que se expanden hacia afuera, ESPARCIMIENTO DE GOZO. El esparcimiento de regalos de gozo no tiene por qué ser costoso. Hay gran gozo en las cosas pequeñas de la vida. No esperes hasta poder dar a alguno un regalo que sea «digno» o «importante». Cualquier regalo pequeño servirá si tu corazón tiene el tamaño adecuado, porque:

LOS MEJORES REGALOS ESTÁN ATADOS
CON LAZOS DEL CORAZÓN: LOS TUYOS.

Y recuerda que quizás algunos de los mejores obsequios no tienen lazos ni envoltorio siquiera. Cada vez que los amigos se reúnen, se dan regalos mutuos sin lazos, por el simple hecho de intercambiar bondad y amor.

Una amiga de Espátula me escribió para contarme de un «regalo especial» que le dio a su madre anciana al leerle, EN VOZ ALTA, *Ponte una flor*. Lo explicó así:

Por ese tiempo estaba ciega a causa de una terapia de radiación al cerebro; no tenía cabello y estaba muy debilitada debido al cáncer en su cuerpo. Pero, ¿sabes algo? Ambas nos reímos y la pasamos fabulosamente bien al leer juntas este libro.

Es maravilloso para mí el recuerdo del tiempo en el que

ambas absorbíamos tu libro. Ella se parecía a ti de muchas maneras. Era una mujer justa a la que le agradaba reírse y hacer bromas. Siempre decidió ser una persona positiva y optimista, y no permitir que el dolor destruyese su vida. Aun cuando le diagnosticaron el cáncer, consideró que era un privilegio sufrir, y en sus sufrimientos permitió que se viera Cristo.

Esta madre y su hija se regalaron mutuamente «un obsequio sin lazos». Y de todos los regalos que se obsequian, a menudo son los que no tienen lazos los que más se aprecian. Así que escucha, alienta, alaba, regala tu tiempo, demuestra interés, sonríe y recuerda:

LA VIDA ES MARAVILLOSA...
¡HAZ UN ESFUERZO PARA NO PERDÉRTELA!

Espanta espantos

SONRÍE... ES POSIBLE QUE NO TE HAGA SENTIR MEJOR,
PERO CON SEGURIDAD HARÁ SENTIR MEJOR A OTRO.

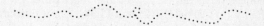

Algunas personas están demasiado cansadas para regalarte una sonrisa. Regálales una de las tuyas, ya que ninguno necesita una sonrisa tanto como aquel que ya no tiene más para regalar.

Sé más jovial... más.

VIVE CADA DÍA COMO SI FUESE EL ÚLTIMO.
ALGÚN DÍA TENDRÁS RAZÓN.

Cuando estés deprimido y descorazonado...
levanta tu cabeza y...
¡SONRÍE!

AL CONSIDERAR LAS CIRCUNSTANCIAS... SONRÍE. DISFRUTA DE LO QUE ES... ANTES DE QUE DEJE DE SER.

Seis realidades que no podemos modificar

1. Todos envejecemos. «Enséñanos de tal modo a contar nuestros días, que traigamos al corazón sabiduría» *(Salmo 90.12).*

2. La vida es difícil y dura, una constante lucha. «El hombre nacido de mujer[...] hastiado de sinsabores» *(Job 14.1).*

3. La vida no siempre es justa. «O aquellos dieciocho sobre los cuales cayó la torre en Siloé, y los mató, ¿pensáis que eran más culpables que todos los hombres que habitan en Jerusalén? *(Lucas 13.4).*

4. Por más atractivos que seamos, no podemos lograr que todos nos quieran. Hasta de Jesús se dijo: «¿De Nazaret puede salir algo bueno?» (Juan 1.46). «Y se burlaban de Él» *(Marcos 5.40).*

5. Por más que nos esforcemos, no podemos cambiar a nadie. «Jerusalén, Jerusalén[...] ¡Cuántas veces quise juntar a tus hijos[...] y no quisiste!» (Lucas 13.34). Cada persona, con la ayuda de Dios y nuestro aliento, debe tomar la decisión de cambiar.

6. Por oscuro que sea el porvenir, no podemos modificar el hecho (¡ni lo quisiéramos hacer!) de que Dios esparce bendiciones inesperadas en nuestro camino. «Por la noche durará el lloro, y a la mañana vendrá la alegría» *(Salmo 30.5b).*

Impreso con permiso de
Robert J. Hastings, autor de
The Station and Other Gems of Joy
[La estación y otras joyas de gozo].
Todas los pasajes son RVR, 1960.

CADA DÍA VIENE TRAYENDO SUS REGALOS. ¡DESATA LOS LAZOS!

Hay dos maneras de abordar el futuro: con ansiedad o con optimismo. Una te hará temer el mañana; la otra te ayudará a darle la bienvenida.

Después de todo, para el cristiano lo más importante no es comer ni beber sino procurar virtud, paz y gozo del Espíritu Santo.

(Romanos 14.17, La Biblia al día)

8

Resoluciones para todo el año: Espera lo mejor, prepárate para lo peor, y acepta lo que venga con una sonrisa

Si eres como yo, el año nuevo te provoca sentimientos ambivalentes. La mala noticia es que el año se inicia en enero, que para muchos es un mes oscuro, crudo, lluvioso, nevoso y congelado que consiste de treinta y un lunes seguidos.

Una cosa irónica del año nuevo es que nos hace mirar retrospectivamente el año anterior y reflexionar acerca de cómo metimos la pata de un modo u otro. La buena noticia, sin embargo, es que enero nos trae un FRESCO Y NUEVO COMIENZO. Enero es un recordatorio de que Dios creó las cosas de modo tal que dispusiésemos de 365 frescos y nuevos comienzos cada año, con la bendición agregada de la inclusión de doce «inicios de mes».

¿Qué sucede cuando quebrantas una de tus resoluciones de Año Nuevo? Lo que parece resultar para mí es convertirlo en resolución u objetivo anual y luego volver a renovarlo, casi siempre alrededor del principio de cada mes. Todos tenemos nuestras propias ideas acerca del tipo de resoluciones que debemos establecer, pero a continuación enumero algunas de las preferidas que me propongo como metas anuales:

1. Evitar la queja, particularmente en voz alta

La queja y otras declaraciones malhumoradas con seguridad generarán fricción entre tu familia y amigos. Todos tenemos días, sin embargo, en los que sentimos la tentación de quejarnos porque no logramos ver bondad alguna en el mundo que nos rodea.

Hace poco, mi amiga, Lynda, y yo avanzábamos sin dificultad por una autopista de tránsito pesado, dirigiéndonos a un almuerzo que se realizaría en una iglesia en la cual debía hablar. De repente escuchamos un estruendo. Lynda pensó que era un tren que pasaba, pero entonces escuchamos una EXPLOSIÓN y supe que no era un tren. El golpeteo me dijo que se trataba de mi neumático posterior derecho.

De algún modo, los otros autos que venían detrás de nosotras vieron nuestro apuro y nos permitieron salir con esfuerzo desde el carril de velocidad, cruzar los demás carriles hasta llegar a la angosta franja pegada a la pared de concreto, donde a duras penas logramos estacionar. Estábamos tan arrimadas a la pared que Lynda no podía siquiera salir por su puerta del lado del pasajero. Con los autos pasando a gran velocidad a mi lado, no me animaba a intentar salir por mi puerta tampoco.

Mientras estábamos allí sentadas preguntándonos nerviosamente cómo lograríamos ALGUNA VEZ ser rescatadas, Lynda sacó una hoja de papel y garabateó allí SOCORRO con grandes letras. Las proporciones de ella se parecen mucho a las mías, ninguna de las dos pertenece a la categoría «pequeña», pero de alguna manera logró gatear por encima del asiento y colocar su cartel improvisado en la ventana trasera. Luego tuvo que volver a treparse por encima del asiento y quedamos sentadas allí con la esperanza de que alguno pasando a velocidad pudiese leer su cartel.

Después de lo que parecía una eternidad, un policía en motocicleta se detuvo y dijo que enviaría ayuda. Y allá se fue buscando un remolcador, pero jamás lo volvimos a ver... tampoco un remolcador. Finalmente, una pequeña camioneta con placa de Ohio apareció milagrosamente y se estacionó detrás de nosotros. El conductor era un joven de más o menos veinte años; no cabía duda de que era un recién llegado a California y no se daba cuenta de lo peligrosas que pueden ser nuestras autopistas. Le estaba tan agradecida por haberse detenido que le hubiera dado un beso, pero no podía descender del auto. En lugar de eso, presioné el botón que abría el baúl para que pudiese sacar la goma de auxilio.

Como me dirigía a un sitio donde hablaría, el baúl estaba cargado de cajas de libros, casetes y elementos auxiliares que uso cuando hablo ante un público. Así que el pobre muchacho tuvo que descargar TODAS esas cosas y apilarlas al costado de la autopista para poder tener acceso a la pequeña goma de repuesto. Al final, logró sacarla, encontró el gato y otras herramientas, y se arrodilló para reemplazar el neumático reventado. Los autos pasaban a gran velocidad y el viento soplaba con intensidad. Al cabo de un minuto, aproximadamente, me gritó:

—¡Necesito la LLAVECITA para quitar el tapacubos y así poder sacar la goma!

—¿Llave? —le contesté gritando—. ¿CUÁL LLAVE?

Decidí que se refería a las llaves del auto, de modo que las tiré hasta el lugar donde él estaba arrodillado.

—No —dijo lanzándomelas de nuevo—. Debe haber una pequeña llave en alguna parte para destrabar las varillas del tapacubos... sólo entonces podré quitarle el neumático.

Nunca había escuchado nada por el estilo. A decir verdad, nunca antes había tenido un reventón. Bill siempre se encargaba de tales cosas. ¿A qué llave se referiría? Con desesperación, le grité que quitase el tapacubos a la fuerza o que rompiese los tornillos o lo que fuese necesario hacer... porque no comprendía a qué LLAVE se refería.

—¿Está segura de querer que la quite a la fuerza? —me preguntó a gritos—. Le dañará el tapacubos, e incluso es posible que le arruine también la llanta.

—¿Y eso qué importa?» —grité—. Todos moriremos aquí, así que haga lo que deba hacer, sin importar lo que cueste, sólo ¡QUITE EL CONDENADO TAPACUBOS!

Así que, sin quejarse ni una sola vez, nuestro buen samaritano golpeó, retorció y forzó. Finalmente, después de arruinar por completo el tapacubos, logró aflojar las tuercas, quitar el neumático reventado y colocar la pequeña goma de emergencias. Después tuvo que volver a empacar todos los libros, casetes y demás cosas en el baúl. Le llevó bastante tiempo, pero trabajó sin pausa, sonriendo y sacudiendo la cabeza de vez en cuando. Pero nunca se quejó.

Cuando estaba terminando, le pedí a Lynda que se fijase si había en la guantera un anotador para tomar la dirección del muchacho y así enviarle algo de dinero como retribución a toda su ayuda. Al remover Lynda las cosas que estaban en la guantera, apareció un sobrecito de manila. El sobre tenía impreso en la parte exterior en grandes letras negras lo siguiente: ESTA ES LA LLAVE PARA SU TAPACUBOS A PRUEBA DE ROBOS.

Abrimos el sobre y sacamos la llave, pero se parecía más a una *herramienta*, no a una llave. Para ese entonces el joven había finalizado y se acercó con cuidado a mi ventanilla (con los autos que pasaban a gran velocidad a menos de un metro) para decirme que me ayudaría a entrar al carril de tránsito para que otro auto no nos embistiera. Cuando giraba para dirigirse de nuevo a su camioneta, victoriosamente levanté la «llave» que él había estado solicitando. La vio y sentía la seguridad de que ahora al menos haría un gesto feo, pero sólo sonrió, nos saludó con la mano y luego se subió de un salto a su camioneta.

De alguna manera logró meterse en el carril de tránsito y le hizo señales a los otros autos para que se pasasen al otro carril, y eso nos permitió volver a entrar a la autopista sin que nos chocasen. Y para completarla, nos siguió todo el camino hasta nuestra salida. Llegamos tarde al almuerzo, ¡pero nuestra aventura me proveyó de material fresco para hablar acerca de cómo tratar con el estrés!

Más tarde, en el camino a casa, empecé a preguntarme qué le diría a Bill. ¿Acaso debía botar el sobre, con llave y todo, debajo del asiento delantero y decir que no había podido ENCONTRARLA? ¿Debía ir a algún sitio para comprar otro tapacubos antes de llegar a casa en lugar de contarle lo sucedido? ¿O debía tal vez ser muy dramática al relatarle lo sucedido, haciendo que se sintiese agradecido de que llegase a casa CON VIDA, a pesar de que se hubiese arruinado un tapacubos?

Decidí que lo mejor era decirle a Bill la verdad. Cuando

terminé, me quedé esperando que me regañase y protestase por el elevado costo de los tapacubos de varillas. Sorprendentemente, no estaba molesto conmigo. Es más, estaba tranquilo y casi pidiendo disculpas por no haberme explicado lo de la «llave/herramienta».

A decir verdad, Bill aceptó toda la CULPA de que yo no supiese lo que era la llave ni dónde se guardaba. Empecé a preguntarme cómo era posible que tuviese tanta suerte. En primer lugar, el conductor de la camioneta se había esforzado para ayudarnos sin quejarse ni una vez siquiera, ¡y ahora Bill también se comportaba de manera excepcional! (Apreciaba muchísimo que Bill tuviese una buena actitud y no se quejase. Después de todo, para una mujer, una llave es una llave, ¡no una herramienta de forma extraña a la que *denominan* llave, pero que ni se parece a una!)

Más tarde, Bill fue hasta la concesionaria de automóviles para pedir un tapacubos de varillas nuevo, a un costo de ochenta y cinco dólares, pero en ningún momento se quejó de ESO tampoco. También aprecié aquello. Es más, la totalidad de su reacción a mi aventura del tapacubos me inspiró para que escribiese mi propio parafraseo de la muy conocida Oración de Serenidad:

Dios concédeme (no a mi cónyuge, ni a mis hijos, ni siquiera a buenas amigas como Lynda, aunque quizás también la necesiten)

la serenidad (es decir, la capacidad de permanecer tranquila, inalterable, inamovible a pesar de TODO)

de aceptar (no sólo soportar, sufrir o aguantar)

las cosas (al igual que las PERSONAS en mi vida)

que no puedo cambiar (aunque lo haya intentado una vez tras otra),

el valor (que sólo puede provenir de ti, Señor)

de cambiar las cosas que puedo (particularmente aquellas que tienen que ver con mi persona... ¡y tú y yo sabemos que hay mucho que necesita tu obra!)

y la sabiduría (sensibilidad, percepción, discernimiento y sano juicio)

para conocer (no sólo «adivinar» o «esperar»)

la diferencia (cuando estoy dentro de tu voluntad y cuando simplemente deseo la mía).[1]

2. Ríe... a carcajadas... y con frecuencia

Una de mis fuentes preferidas de diversión es una pequeña revista llamada *Laughing Matters* [Motivos de risa] editado por Joel Goodman, conferenciante también acerca del poder del humor. Dice lo siguiente: «El humor es poder. Con frecuencia no puedes controlar las situaciones que te rodean, pero sí puedes controlar con humor tus reacciones internas antes las mismas. Eso es poder».[2]

Goodman cree que el humor es un asunto serio... y, por cierto, estoy de acuerdo. Por eso es bueno determinar que al menos una vez al mes te reirás... mucho. Todos viviremos más tiempo si podemos solazarnos y disfrutar de la vida.

Me encanta la carta que me llegó de una dama que había estado en su propio y mortífero pozo de problemas e intentaba descubrir cómo haría para seguir adelante con el resto de su vida. Me dijo que sus amigas la ven como golpeada pero más fortalecida a causa de sus experiencias, aunque por dentro no se siente tan fuerte... más bien se siente como «un melón blanduzco viviendo en un cuerpo de mediana edad».

A esta mamá le agrada recibir la carta *Love Line* porque, según lo expresó ella: «Mi corazón te ve como una especie de plomero con el "destupidor" para el pozo ciego y un plato de galletitas de trocitos de chocolate para el corazón apesadumbrado. ¡Gracias! Gracias a Dios por haberme recordado que más vale que nos destornillemos de la risa, pues de otro modo lloraremos, nos secaremos por completo y nos quebraremos. Sin duda nuestro Padre tiene un sentido del humor. Supongo que sencillamente es necesario que así sea...»

Esta dama tiene razón. Tal como lo dijo alguien:

LA VIDA ES DEMASIADO SERIA
PARA ENFRENTARLA SIN HUMOR.[3]

Al tomar la determinación de reír más este año, sólo ten en cuenta que cada día te traerá muchos motivos para reír. Si no descubres tus propios motivos, he aquí algunas observaciones sutiles que te ayudarán a arrancar:

- Al menos cinco veces cada día, alguien en una clase de aerobismo resulta lesionado.

- Los dentistas también tienen sarro y caries.

- Las personas verdaderamente adineradas tienen mucha mayor probabilidad de morir corriendo carreras en Montecarlo.

- Los empleados de la Dirección General de Impuestos también tienen que pagar impuestos.

Intenta usar el enfoque de las chinelas conejito

Tal como destacáramos en un capítulo previo, es saludable estar dispuesto a reírse de uno mismo y a no dar gran importancia a nuestras fallas. Todos tenemos nuestras rarezas, así que no debiéramos tomarnos con demasiada seriedad. Una de las mejores soluciones que conozco es aplicar el enfoque de las «chinelas conejito», una filosofía de la vida que a todos nos hace falta poner en práctica.

Una amiga me envió un par de chinelas conejito y de vez en cuando me las pongo, especialmente cuando siento la tentación de empezar a pensar que soy importante o «casi famosa». Las chinelas conejito tienen algo que mantiene mi perspectiva en el carril adecuado, pero además de eso, me recuerdan que ninguna cosa que me pueda suceder tiene por qué derrumbarme. Puedo seguir siendo un poco alocada, mientras me río y disfruto de la vida. Cuando me pongo mis chinelas conejito, el dolor desaparece, las frustraciones se desvanecen, las cargas se alejan rodando.

¿Alguna vez has dedicado bastante tiempo a reflexionar acerca del sentido de humor de Dios? En la cita que sigue, un autor desconocido pondera acerca de si Dios alguna vez pudiera tomarnos con la misma seriedad que nos tomamos nosotros. Esa persona escribió: «El humor de Dios no es burlón; no es condescendiente. No cruza nuestros cielos como relámpago, sino que surge borboteando de la hojarasca sobre el suelo de nuestra vida diaria. Dios se ríe porque sabe más que nosotros. Dios tiene visión más aguda».

Así es, ¿verdad? Uno de mis poemas preferidos es «The Land of Beginning Again» [La Tierra del Nuevo Comienzo], de Louisa Fletcher. Una de sus estrofas resume mi motivación de convertir la risa en una resolución para todo el año:

> Sabemos que lo más difícil resultaría ser lo mejor,
>   lo que pareció ser pérdida, ganancia sería;
> pues no es posible que no remonte el dolor
>   y se aleje, cuando riendo lo hayamos enfrentado;
> y pienso que la risa es lo que más procuramos
>   cuando a la Tierra del Nuevo Comienzo entramos.[4]

3. Saluda siempre a las personas con una sonrisa

Recuerda que muchos de tus amigos (y por qué no los que te son desconocidos) tienen el ceño fruncido en sus propios corazones. Una sonrisa puede literalmente cambiarles el día.

Hace poco llegué después de la cena a un centro de conferencias donde debía hablar a la mañana siguiente. Quería escuchar a la oradora encargada de la sesión nocturna, pero como ya había comenzado, debí TREPARME por encima de tres o cuatro damas para poder llegar a la única silla libre en la fila de atrás de la concurrida sala de conferencias. Como hacía calor, cada dama estaba sorbiendo un vaso de agua y al intentar llegar al otro lado de una de ellas, sin querer golpeé su brazo, ¡volcando el agua sobre su falda!

Me disculpé profusamente mientras ella se quejaba y refunfuñaba, intentando secarse la falda con un pañuelo de papel a la vez que hacía comentarios en voz alta acerca de personas descorteses que llegaban tarde. Era obvio que estaba MUY molesta conmigo por haber volcado agua sobre ella y, por supuesto, yo estaba apenada. Varias mujeres vieron lo ocurrido y varias más escucharon cómo hablaba en voz alta haciendo referencia a lo descuidada que había sido yo.

Al día siguiente, yo era la oradora principal de la sesión de la mañana. Más tarde, mientras firmaba autógrafos, una dama amable que había estado sentada junto a la mujer sobre la cual vertí el agua, me susurró al oído: «Esta mañana cuando se enteró quién eras tú, empezó a decir: "BÁRBARA JOHNSON VOLCÓ AGUA SOBRE MÍ"».

Le eché un vistazo a la hilera y allí estaba ELLA, esperando que fuese su turno para que le autografiase el libro. *(Quizás sería mejor no escribirle NADA.)* Al llegarle el turno, simplemente le pregunté el nombre y luego debajo de él escribí: «BAUTIZADA POR BARBARITA». Luego se lo devolví con una gran sonrisa. Miró lo que había escrito y por un segundo no estaba segura de cómo reaccionaría. Pero, para mi gran alivio, se rió con ganas. Cuando intenté disculparme de nuevo, dijo con bondad: «Ah, no fue nada».

Una sonrisa puede lograr mucho en lo que respecta a suavizar situaciones incómodas. Así que siempre tenga una a flor de labios para todos. ¿Dices que no tienes mucho por lo cual sonreír? Es posible que sea verdad, especialmente si la vida te ha propinado un golpe desagradable. Una mamá, sin embargo, escribió la siguiente notita que me produce una sonrisa en el corazón:

> Sólo una nota para hacerte saber cuánto te aprecio a ti y a tu carta circular mensual. Casi es lo único que aguardo con entusiasmo desde el fallecimiento de mi hijo. Algunos días siento que nunca volveré a sonreír ni a ser feliz, entonces levanto una de tus cartas y me descubro sonriendo. Muchísimas gracias.

Si te detienes a pensarlo, hay muchas cosas que pudieran ocurrir este año que tal vez te harían sonreír. A continuación hay doce posibles productores de sonrisas... uno para cada mes. Tal vez nunca lleguen a ocurrir, pero el simple hecho de pensar en estas ocurrencias sorpresivas, puede animarte:

1. Tu hijo, que está en la universidad, vuelve a casa y lava su ropa.

2. Tu hijo de quince años aparece en la cocina y pregunta: «¿En qué puedo ayudar?»

3. Tu esposo recuerda que es tu cumpleaños Y vuestro aniversario, ¡todo esto en el mismo año!

4. Tus hijos (o nietos) se van a dormir la primera vez que se les dice que lo hagan.

5. Tu jefe dice: «Verdaderamente has estado dedicando largas horas al trabajo. Tómate la tarde libre con paga».

6. Tu suegra viene a cenar y tu esposo no te recuerda lo maravillosa que es como cocinera.

7. Tu hijo de veintisiete años baja para desayunar y dice: «Mamá, conseguí trabajo y me mudo el viernes».

8. ¡Tu adolescente te devuelve el auto lavado, aspirado y con el tanque lleno!

9. Tu doctor te toma la presión sanguínea sin que sus ojos se pongan grandes como platos.

10. Tu esposo apaga la TV, te sirve una taza de café y dice: «¿Sobre qué te gustaría conversar?»

11. Te pruebas el vestido que te compraste después de recuperarte de la gripe de cinco días y te sigue entrando tres meses después.

12. Tu mecánico te dice: «Es sin cargo... sólo tenía un cable suelto».

4. Sé un alentador

Si piensas animar a otros, el mejor sitio para comenzar es contigo mismo. Colecciona únicamente «levanta-vidas» y descarta todos los «hunde-vidas».

DISFRUTA DE LAS COSAS PEQUEÑAS. ES POSIBLE QUE ALGÚN DÍA MIRES HACIA ATRÁS Y DESCUBRAS... QUE ERAN LAS COSAS GRANDES.

Si buscas con ahínco suficiente, puedes ver el lado positivo e incluso el humorístico de lo que sea. Una dama que se enfrentaba a una cirugía por cáncer de mama encontró una forma positiva de hacer eso. Cuando los enfermeros vinieron para llevarla hasta el quirófano, la encontraron luciendo una gorra con hélice y un gran letrero colorido prendido al pecho. El letrero decía: «¡HAZ LO MEJOR QUE PUEDAS!» Una nota más pequeña adjunta al letrero decía: «No quite este letrero hasta que lo vea el cirujano».

En el quirófano, una de las enfermeras vio el letrero y la nota y le preguntó qué significaba. Ella sonrió y respondió: «Pues bien, cuando ese cirujano me corte hoy, ¡simplemente quiero que esté de MUY BUEN HUMOR!»

Con una actitud positiva, las lágrimas de tristeza comenzarán a relucir de alegría. Es más, las lágrimas traen a nuestras vidas los arco iris, y al final de esos arco iris podemos hallar

¡Eleva tu vida con risa!

Ilustración de «Suzy's Zoo». © '93 Suzy Spafford. Usado con permiso.

coloridas marmitas de alegría si al menos BUSCAMOS. Una espatulandera escribió una preciosa notita arco iris que decía:

Hace un par de años leí en un libro una declaración sobre dar aliento que creo que nunca olvidaré:

UNA PALABRA O NOTA DA MÁS ALIENTO
QUE MILES DE PENSAMIENTOS...
JAMÁS EXPRESADOS.

Así que aquí va tu pequeña «nota de aliento» de parte mía para animarte en tu ministerio a otros. Eres una verdadera y auténtica embajadora para nuestro Señor. La gente se identifica con las personas genuinas... y el sentido del humor que Dios te ha dado es muy REFRESCANTE. PROSIGUE CON LA BUENA OBRA... como para Él.

La palabra *alentar* significa «llenar el corazón», y estas palabras me dieron lo que me hacía falta ese día. A todos nos hace falta el aliento: el toque suave que nos ayuda a «aligerarnos». Desarrolla el hábito de ALENTARTE TÚ MISMO al convertirte en un coleccionista de gozo. Cuando el año llegue a su fin, ¡el cuarto de gozo de tu corazón estará rebosando!

Existen muchas maneras de coleccionar gozo. A continuación menciono sólo unas pocas que me han dado resultado:

> Si deseas gozo de media hora, date un baño de burbujas.
> Si deseas gozo de una tarde, vete de compras.
> Si deseas gozo de noche, sal a cenar.
> Si deseas gozo de todo un día, secuestra a tu esposo y sal al campo.
> Si deseas gozo de toda una semana, sal de vacaciones (o manda a los niños a un campamento).
> Si deseas gozo de un mes, que tus gastos no excedan tu presupuesto.
> Si deseas gozo de por vida, invierte tiempo en otros.

Karl Menninger, el famoso siquiatra, contestaba preguntas formuladas por el público después de dar un discurso. Un hombre preguntó: «¿Qué consejo le daría a una persona que se sintiese al borde de una crisis nerviosa?»

La mayoría de los presentes esperaba que Menninger contestase: «Consulte a un siquiatra», pero para su asombro dijo: «Cierre con llave su casa y luego cruce las vías del ferrocarril para encontrar a alguna persona necesitada. Después haga algo para ayudarla». Es posible que ese sea el mejor consejo que Menninger le haya dado jamás a alguno, pero sin duda no era nada nuevo ni original. Recuerda lo que dijo el rey Salomón hace miles de años:

EL QUE RIEGA,
SERÁ TAMBIÉN REGADO.[5]

Cuando regalas gozo y ánimo, vuelven a ti multiplicados. Como prueba, tengo muchas cartas como las siguientes:

¡Alabado sea el Señor! ¡Gracias por el gozo y el aliento que das! Acabamos de hacer circular tu libro en el trabajo... *¡cuánta diversión!* Es hora de conseguir otro, para poder volver a iniciar el CICLO DE ÁNIMO.

Sé que comprendes cómo a veces nos quedamos trabados en nuestras pruebas y no siempre podemos actuar al mejor nivel. Antes tenía la capacidad de enfrentarme a un millón de cosas a la vez, ahora estoy recuperando mi cordura después de un «viaje por los pozos». Sé que dices «¡Amén!» Has estado allí y entiendes. Dios te bendiga por mostrar interés por el resto de nosotros.

Tu libro me ayuda a retener la perspectiva adecuada; ¡todavía hay risa y amor a nuestro alrededor! Personalmente, qué afortunada soy... y tú me ayudaste a comprender eso. No tengo palabras suficientes para agradecerte. ¡Dios te bendiga!

Estas cartas son tesoros, porque me dicen que Espátula está marcando una diferencia. Según lo dijo alguien:

> EL AMOR CURA A LA GENTE...
> TANTO A LOS QUE LO DAN
> COMO A LOS QUE LO RECIBEN.

5. Sé agradecido... especialmente por tu familia

Una de las cosas que más edifica una actitud positiva es estar continuamente consciente de cuánto nos bendice Dios cada día. Tal como lo expresó alguno:

> POR CADA COSA QUE SALE MAL
> HAY ENTRE CINCUENTA Y CIEN BENDICIONES.
> ¡CUÉNTALAS!

Por supuesto, todas las que hemos tenido el privilegio de ser madres sabemos que las cosas pueden salir mal de vez en cuando. Una mamá escribió:

Me siento tan herida y tan mal por los errores y los problemas de nuestro hijo rebelde... Sencillamente no aprende a partir de sus errores, y mientras más edad tiene, mayores son los errores que comete. Hay tantas emociones involucradas (amor, enojo, deseos de ayudar, vergüenza, desilusión y dolores), que es un viaje en montaña rusa y desearía que se detuviese. ¡Quiere que cambien las circunstancias para que él no tenga que hacerlo!

Otra mamá contó acerca de su hijo adicto a las drogas. Vive en la misma ciudad que ellos, pero no en su casa. El día que esta mamá me escribió era uno bueno, porque por lo menos no estaba en medio de alguna crisis con su hijo. Desde el día anterior sabían dónde estaba y que tenía un trabajo. Por cierto, había conservado su trabajo por casi una semana... un récord. Y después expresó de manera muy bella la AMBIVALENCIA que sienten tantos padres:

He leído tus libros y he disfrutado mucho de ellos. Estoy sentada con lágrimas corriéndome por las mejillas, riendo con tanta fuerza, que me duelen los costados. Pero supongo que de eso se trata:

MATERNIDAD:
GOZO SIN LÍMITES RODEADO
DE POZOS SIN FONDO.

Ser padres es una inversión a largo plazo, no una nota a corto plazo. Alguien dijo que convertirse en padre se parece a ser sentenciado a prisión de por vida sin esperanza de libertad bajo palabra. Lo mires como lo mires, ser padres es algo de larga duración, ¡y no existe modo de renunciar! Aprende todas las maneras de realizarlo del mejor modo posible, luego confíale a Dios los resultados.

Por supuesto, el preciso momento en que sientes que seguramente tus hijos te han olvidado, uno de ellos hace algo agradable. El año pasado, para el cumpleaños de Bill, nuestro hijo menor, Barney, le dio una enorme cinta métrica DORADA. Tenía la siguiente inscripción:

NO PUEDO MEDIR
LO QUE HAS SIGNIFICADO EN MI VIDA.

Bill atesora esa cinta métrica por sobre todas las cosas y orgullosamente la expone sobre su escritorio. Una parte de la inscripción también dice: «Para B.J. de B.J.» Me gusta bromear a Bill acerca de eso... ¡después de todo, mis iniciales también son B.J.!

Una familia es para ser apreciada

Las experiencias de los pasados veintisiete años, a partir del accidente paralizante de Bill en 1966, han servido para hacerme apreciar cada vez más lo inapreciable que es una familia. Sí, las familias tienen sus tiempos de tensión, pero ser parte de una familia nos recuerda constantemente que:

LAS MEJORES COSAS DE LA VIDA NO SON COSAS.

La apreciación es una fuerza que aviva. Cuando apreciamos de verdad a las personas, las vemos bajo una luz por completo nueva. Se han escrito bibliotecas enteras acerca de la familia, pero creo que el tema en su totalidad puede resumirse en una sola declaración:

LA ÚNICA MANERA DE VIVIR FELIZMENTE
CON LA GENTE
ES PASAR POR ALTO SUS FALTAS Y ADMIRAR
SUS VIRTUDES.

No puedes cambiar a las personas, así que, ¿por qué no disfrutar de las partes buenas? Una clara definición de amor pudiera ser: «practicando el arte de la apreciación». El poeta Robert Browning dijo: «Si le quitas el amor, esta tierra es una tumba». El médico William Menninger dijo repetidamente: «El amor es el remedio para la mayoría de las enfermedades de la humanidad». También es el remedio para la mayoría de nuestras enfermedades personales.

El neurótico desea y desea y desea amor... pero no lo quiere dar. El neurótico teme intentar, teme ser lastimado. Es mucho más fácil quejarse, enojarse y tomar de otros. Una persona madura, sin embargo, está dispuesta a dar amor sea o no correspondido. El hecho de tener la disposición de dar amor, sea este correspondido o no, es una fuerte señal de salud mental. Es fácil amar lo amable; se requiere de gracia espiri-

Las palabras de amor no se comparan...
¡A los tiempos que compartimos!
¡Gracias por vivir la vida conmigo!

Mi amado es mío, y yo suya (Cantar de los cantares 2.16)

tual para amar lo que no inspira amor. Pero cuando se da amor con libertad, por lo general SÍ es correspondido.

Para los que saben cómo dar amor, el matrimonio es el mejor trato de la vida. Cuando los cónyuges pueden ser amigos del alma, el trato incluye una bonificación. Cuando los hijos abandonan el nido, los padres sólo se tienen el uno al otro. Puede ser un tiempo agradable y cómodo de verdadero afecto, o puede convertirse en un período de indiferencia: vivir en la misma casa sin compartirla.

El amor puede mantenerse fresco en el caso de las parejas que aprenden a brindar el uno al otro un sólido apoyo emocional a través de los años. El matrimonio se inicia con un cofre de oro: el amor que cada miembro de la pareja siente por el otro. El tesoro no debe vaciarse. Cada acto de devoción le agrega más amor a la caja fuerte matrimonial. Cada acto desamorado le quita un poco. Cuando el cofre del tesoro está lleno, aseguramos la vida con un alto nivel de confianza. Los miembros de la pareja tienen la capacidad de hacer ricos intercambios de sentimiento. Pero cuando el tesoro está vacío, la vida queda en bancarrota sin que le espere otra cosa que una monótona sucesión de días vacíos.

Se dice que el amor, como el vino, se mejora con el paso del tiempo. Los cónyuges sabios desarrollan más estima por el otro con cada año que pasa. Me agrada la forma que tiene Bill de cuidarme, y todavía recuerdo el día que llegó a casa con una lanuda piel de cordero para cubrir el colchón. ¡Eso estaba bien! Un par de días después, trajo a casa un esponjoso acolchado de plumas de ganso... ¡fabuloso! Aproximadamente una semana más tarde, llegó a casa con dos almohadas para la cama rellenas de suaves plumas de pato y anunció con orgullo: «Ahora tienes un CORDERO sobre el cual dormir, un PATO sobre el cual apoyar tu cabeza y un acolchado de GANSO para cubrirte, y como si esto fuera poco, ¡un BÚFALO BILL a tu lado!

Un corazón agradecido es un corazón feliz

Ser agradecido es como una analogía que leí una vez que habla de uno al que se le entrega un plato de arena y se le dice que contiene partículas de hierro. Podríamos buscar el hierro colando la arena entre nuestros torpes dedos, pero no hallaríamos gran cosa. Sin embargo, si tomásemos un imán y lo pasásemos por la arena, atraería hacia sí las partículas casi invisibles de hierro. El corazón mal agradecido, al igual que los dedos torpes, no descubre misericordia alguna, pero deja que el corazón agradecido haga una barrida diaria y, del mismo modo que el imán encuentra el hierro, ¡así también el corazón agradecido siempre hallará bendiciones celestiales!

La hermana melliza del agradecimiento es la alabanza. Uno de mis versículos preferidos es Isaías 61.3, el cual habla de conceder «manto de alabanza en vez de espíritu abatido» (Biblia de las Américas). Cómo me gusta ese versículo, especialmente desde que una querida mujer por allá en Espatulalandia escribió la siguiente poesía para deleite de todos:

> Se menciona un manto en la Palabra de Dios
> que a toda persona bien le va.
> Es bello, precioso, elegante y actual,
> su color no destiñe jamás.
> Su calce es perfecto, su largo ideal...
> y siempre a la moda está...
> ¡Por cierto que este manto te encantará!
> Es de «ALABANZA», el corazón te alegrará,
> y entonces el abatimiento se alejará.
> Sentirás nueva paz, la tristeza cesará,
> a tu corazón traerá nuevo resplandor.
> Y así sin angustias, en el alma una canción
> con júbilo eleva loas al Señor.
> Él mora en ti y te dará consolación
> a todos los suyos sin duda guiará.
> Con el manto de alabanza bien vestido estarás.
> Seguramente te quedará a la perfección.
> ¡Pruébalo! ¡Verás! Luego a mí te unirás;
> ¡Juntos y renovados, alabaremos a Dios!

Norma Wiltse[6]

Pues bien, esas son mis cinco sugerencias en cuanto a las resoluciones de todo el año. Puedes agregar muchas más si te place. Y ahora que lo pienso, anda dando vueltas una historia que me trae a la memoria otra resolución más que es muy importante y debiéramos tomarla diariamente. Parece ser que una mujer en un auto rojo se acercó a una cabina de peaje del puente San Francisco-Okland Bay. «Cóbreme lo que me corresponde a mí y a los seis autos que vienen detrás de mí», le dijo al cobrador con una sonrisa.

Al acercarse los siguientes seis conductores a la cabina, con el dinero en la mano, el cobrador dijo: «Ya pagó cierta dama que pasó antes. ¡Tenga usted un buen día!»

¿Qué motivó a la mujer para que pagase el peaje de seis personas totalmente desconocidas? Resulta que había leído una nota pegada al refrigerador de una amiga:

> PRACTIQUE LA BONDAD SIN LÓGICA
> Y ACTOS DE BELLEZA SIN SENTIDO.

Esas palabras captaron su imaginación y decidió ponerlas en práctica con exactitud.[7] Tal vez quieras hacer lo mismo. No te preocupes por saber de quién se trata ni de averiguar por qué lo haces. La bondad no sólo es contagiosa, sino que puede multiplicarse muchas veces cuando aquellos que reciben un acto de bondad son motivados a devolver otro a cambio. Así que inicia tu propia epidemia de bondad... en tu familia, tu barrio, o en el lugar que trabajas. Y por sobre todo:

> SÉ BONDADOSO CON LOS QUE NO LO SON,
> ¡PROBABLEMENTE SEAN LOS MÁS NECESITADOS DE
> BONDAD!

Espanta espantos

Es asombroso que el apóstol Pablo
abarcase tanto terreno y lograse tanto
sin tener un auto siquiera.

EL AMOR NO ES CUESTIÓN DE CONTAR LOS AÑOS...
SINO DE HACER QUE LOS AÑOS CUENTEN.

Si durante este último año no has descartado una opinión importante ni has adquirido una nueva, controla tu pulso. ¡Es posible que estés muerto!

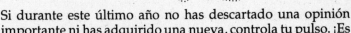

Es posible que no conozcas todas las respuestas,
pero es probable que tampoco te hagan todas las preguntas.

Puedes aprender muchas cosas de los niños.
Por ejemplo, cuánta paciencia tienes.[8]

No se puede medir un hogar en centímetros ni se lo puede pesar en kilogramos, del mismo modo que no se pueden establecer los límites de una brisa estival ni calcular la fragancia de una rosa. Un hogar es el amor contenido en él.[9]

SI LOS HOMBRES QUEDASEN EMBARAZADOS... EL PARTO NATURAL NO TENDRÍA NI LA MITAD DE LA POPULARIDAD QUE TIENE.

Lo que más necesitan los niños no son los críticos, sino las actuaciones modelos, los buenos ejemplos y una buena cantidad de: «¡Bien hecho! ¡Eso sí que lo hiciste bien!»

LA TRISTEZA MIRA HACIA ATRÁS... LA PREOCUPACIÓN MIRA EN DERREDOR... LA FE MIRA HACIA ARRIBA.

Si tienes ojos puros, habrá luz en tu alma.
(Mateo 6.22, La Biblia al día)

Conclusión

La vida no es un paseo en góndola... pero, ¿qué importancia tiene?

Hemos dedicado los ocho capítulos anteriores a la observación de formas importantes de alisar nuestras heridas y angustias mediante el humor mientras vamos edificando una actitud positiva. Pero aún queda una pregunta difícil más que debemos analizar para asegurarnos de no estar sólo intentando «escapar de la realidad»:

> *¿Cómo reír y permanecer positivo cuando Dios no parece interesarse en nuestros problemas?*

Una madre de un hijo homosexual escribió para contar que no podía contener las lágrimas:

> ¡¡¡No puedo hablar del asunto sin llorar y no puedo pensar en el asunto sin llorar!!! Sabes, es como si lo hubiésemos perdido a manos de la muerte... sólo que no lo hemos enterrado. Las emociones y los pensamientos que tengo son verdaderamente feos y se está iniciando el enojo. Sí, oro a diario. Ruego por su reforma, pido paciencia para mí y dirección para saber cómo interactuar con él...
>
> ¡Tu libro fue grandioso! Reí y lloré y sentí todo lo que sentías y pensabas. ¿Sabes qué? El dolor todavía es horrible-

mente profundo e intento comprender el *porqué*. ¿Por qué todo esto?

Siento la seguridad de que nuestra familia será sanada. Hay días en los que empiezo a preguntarme si alguna vez sucederá, y esos son los momentos que me resultan difíciles de soportar. Me fastidia cuando mi fe empieza a escasear. Me asusta.

Una esposa que había estado en el pozo («ese solitario y desilusionante lugar oscuro») me escribió para contarme de su dramática conversión varios años atrás. Pensó que Dios haría lo mismo con sus hijos adultos, los cuales estaban inmersos en muchos problemas, que iban desde el uso de drogas hasta la promiscuidad, pero no sucedió. Sentía que todo eso era irresistible y admitió:

> Siempre he sido de los cristianos que testificaban con denuedo. Sin darme cuenta, daba muchas respuestas simplistas: tres pasajes de la Escritura y una oración solucionaban todo. Ahora hablo poco acerca del poder de Jesús para cambiar situaciones, porque en mi caso no lo ha hecho... Me he cansado mucho. Nunca antes me ha flaqueado tanto la fe. Torrentes de furia y enojo brotan de mí... por oleadas. Seis años de fidelidad a Él y tenía la expectativa de recibir una recompensa *ahora*. Mi burbuja acerca del Dios que puede hacer *cualquier cosa* se ha reventado.

Otra mamá escribió contando acerca de sus hijos adultos que se habían alejado de Dios volviéndose hacia el alcohol y las drogas. A pesar de que su iglesia se había unido a ella en oración por sus hijos, las cosas sólo habían empeorado: desempleos, fracasos en la universidad e incluso un intento de suicidio. «Esto duele mucho», dijo ella. Luego agregó:

> Jesús es la única respuesta, pero, ¿*cuándo responderá*? Él responde a las oraciones acerca de todo lo demás, hasta me dio un auto nuevo totalmente pago este verano. Estoy en casa recuperándome de una gran cirugía de codo, y uno de los miembros de la comunidad eclesiástica a la que asisto me dio tu libro. He llorado durante la primera mitad del mismo y sé que comprendes. Por lo general, puedo encontrar el lado bueno o el humorístico en la mayoría de las cosas, incluso cuando un huracán se llevó la mitad de mi

¡FELICITACIONES!
¡Te has ganado una provisión vitalicia de vida!

Adaptado de Disparo #4852 ©1989 de Ashleigh Brilliant.

casa y la mayoría de mis árboles. Pero esta vez se trata de mis *bebés*.

¿Alguno ha visto el túnel?

Recibo muchas cartas acerca de «¿cuándo responderá Jesús?» Una decía: «¿Por qué? Dios podría hacer algo si así quisiese. No lo comprendo. De lo único que estoy segura es de que desearía nunca haber nacido». Otra mamá admitió: «Cuanto más oro, menos escucho o veo respuestas. ¿Alguna vez has tenido esa experiencia? Para mí la oración es una ardua tarea: ¡seguir adelante a pesar de todo!»

Sí, HE TENIDO esa experiencia. La oración *es* una ardua

tarea, pero la espera puede ser aún más difícil, particularmente cuando no recibes ninguna respuesta instantánea y fácil. Todos hemos escuchado el viejo chiste acerca de la luz al final del túnel, ¡que en realidad se trataba de un tren de carga apuntado directamente hacia nosotros! Pero para algunas personas, la frase más actual es:

DEBIDO A LOS PRESENTES RECORTES PRESUPUESTARIOS
LA LUZ AL FINAL DEL TÚNEL
SE APAGARÁ HASTA NUEVO AVISO.

Y más allá de eso, las cosas se pueden poner tan oscuras para otros al punto de que simplemente se encojan de hombros y digan: «¿Cuál luz? ¡Ni siquiera he ENCONTRADO el túnel!»

Por qué debieras mantener siempre encendida una luz

Una noche cuando Bill aún no había vuelto a casa del trabajo, miré por la ventana, agradecida de poder ver las luces en las ventanas de las casas vecinas porque me hacían sentir menos sola. Si los ojos son las ventanas del alma, las luces son la chispa de vida de una casa. Hasta me siento protegida y abrigada cuando Tom Bodett acaba su propaganda de «Motel 6» diciendo: «MANTENDREMOS ENCENDIDA LA LUZ PARA TI». Inspiran cierta esperanza las luces en la oscuridad. Creo que es nuestro deber hacia los transeúntes mantener encendida una luz en la ventana... aunque sólo sea pequeña.

Recuerdo cuando me llamó Larry para decirme que iba a renegar de la familia y cambiar su nombre, y que nunca más quería volver a ver a ninguno de nosotros. Las últimas palabras que le dije en esa conversación telefónica, y serían las últimas que le diría en muchos años más, fueron: «La luz del zaguán siempre estará encendida para ti».[1]

De algún modo el símbolo de mantener encendida una luz significa que tenemos planes de dar a alguno la BIENVENIDA. Una luz en la ventana es como una brillante estrella en el cielo; nos recuerda que alguien siempre está ESPERANDO para darnos la bienvenida a casa.

Todos necesitamos una «luz en la ventana» para señalarnos la senda que puede iluminar nuestro espíritu. En *Sarah: Plain and Tall* [Sara: sencilla y alta], una película de la serie Hallmark Hall of Fame hecha para televisión, Glenn Close, que actuó en el rol de Sara, se sentía reconfortada al vivir en las desoladas praderas de Kansas cuando veía una luz a la distancia. Esa débil luz demostraba que *alguien* estaba allá afuera y que no estaba totalmente sola.

Hay una antigua historia acerca de un enorme barco que se va abriendo paso por los mares en la oscuridad de la noche mientras titila su señal luminosa. El capitán del barco ve otra luz a la distancia y le envía con señales de luz un mensaje de emergencia:

> «¡EMERGENCIA! ¡COLISIÓN INEVITABLE! ¡MODIFIQUE SU CURSO DIEZ GRADOS HACIA EL SUR!»

La luz a la distancia le guiña una respuesta:

> «¡EMERGENCIA! ¡COLISIÓN INEVITABLE! ¡MODIFIQUE SU CURSO DIEZ GRADOS HACIA EL NORTE!»

El capitán se acalora un poco y le envía el mismo mensaje, agregando:

> «¡SOY EL CAPITÁN!»

Ante lo cual la luz a la distancia replica:

> «¡EMERGENCIA! ¡COLISIÓN INEVITABLE! ¡MODIFIQUE SU CURSO DIEZ GRADOS HACIA EL NORTE! ¡SOY UN MARINO DE TERCERA CLASE!»

A esa altura el capitán está furioso. Le envía lo que piensa será el broche final del argumento:

> «¡EMERGENCIA! ¡EMERGENCIA! ¡COLISIÓN INEVITABLE! ¡MODIFIQUE SU CURSO DIEZ GRADOS HACIA EL SUR! ¡SOY UN BUQUE DE GUERRA!»

Y la respuesta proviene de esa luz titilante a la distancia:

> «¡EMERGENCIA! ¡COLISIÓN INEVITABLE! ¡MODIFIQUE SU CURSO DIEZ GRADOS HACIA EL NORTE! *¡SOY UN FARO!*»

Nuestro faro siempre está

Cuando cuento esa historia en mis reuniones,[2] por lo general produce muchas risas, pero más allá del humor te puede dar tremendo aliento. Debemos recordar que nuestro faro, que nunca se mueve ni se modifica, siempre está para nosotros. Y el haz de luz que se extiende por encima de las olas es Jesús mismo, la Luz del mundo.

La luz de Dios resplandece en la oscuridad, haciendo que nos concienticemos del peligro. Nos da el aliento necesario para navegar en cada tormenta. Uno de mis salmos preferidos dice: «Lámpara es a mis pies tu palabra, y lumbrera a mi camino» (Salmo 119.105, RVR). Creo que oramos porque estamos buscando luz: saber cómo andar por la vida. Y, sin embargo, persiste la pregunta: ¿CUÁNDO contestará Jesús nuestras oraciones? No lo sé. Tal vez te responda mañana, o quizás se demore once años como me sucedió a mí. Pase lo que pase, es necesario que nos contentemos:

SABEMOS QUE DIOS TIENE LAS RESPUESTAS...
SÓLO QUE NO LAS COMUNICA.

Pero también sabemos que nada entra a nuestras vidas hasta pasar primero por el filtro de Dios. Aunque las respuestas se demoren en venir, *la luz de Dios siempre está brillando.*

Cada día llegan cartas a mi buzón que me dicen que la luz de Dios es más importante que recibir una rápida respuesta. Me llegó una nota de una mamá que sufre terriblemente debido al síndrome de fatiga crónica... según lo explica ella: «¡Un nombre largo para lo que no conocemos!» Su carta dice: «La verdadera historia es la obra de Dios en mí y en la vida de mi familia. Su gracia es abundante y Él da paz que sobrepasa mi entendimiento. Mi lema ha sido: "Lo importante no es la lucha; lo que importa es cómo reaccionas ante ella"».

Y eso nos lleva a completar el círculo con el mensaje clave de este libro: mantener una actitud positiva al responder a lo que la vida nos pueda traer. Recuerda:

DIOS NO HA PROMETIDO SOL SIN LLUVIA,
GOZO SIN PENA,
PAZ SIN DOLOR.

¿Tienes problemas con la «palabra de la P»?

Nada puede apagar más rápidamente una actitud positiva que la *falta de perdón*. Muchas personas luchan con esto. Saben que deberían *perdonar*, pero no es fácil. Por ejemplo, una mujer escribió:

> Pediste opiniones acerca del libro *Tristezas*. Lo he leído y ahora lo estoy leyendo otra vez, como he hecho con todos tus libros. Hace un par de años perdí a mi madre y me ha ayudado (me está ayudando) a superar mi pérdida. Me ocupé de cuidarla durante muchos años.
>
> La visitaba a diario, lavaba su ropa, la llevaba a almorzar, etc. Sus hermanos vivían a cierta distancia, así que no les resultaba fácil visitarla. Mis hermanastros viven a unas pocas horas de distancia... pero nunca la visitaron, nunca preguntaron por su salud, etc. Cuando murió, simplemente olvidaron todo el asunto... como si su vida nunca hubiese significado algo para ellos.
>
> Ella era una persona muy llena de vida, muy culta, diligente y amorosa. Así que, nadie podía (o no sabía cómo) ayudarme a superar la pérdida. Supongo que en realidad he estado albergando resentimiento hacia todos los miembros de la familia por causa de sus actitudes. Ahora, *Tristezas* me ha ayudado a empezar a ver el otro lado de la moneda. He subrayado la oración «El hecho de andar acarreando una carga de culpa [o en mi caso... resentimiento] después de la partida de un ser querido es un desperdicio de energía».

Otra carta viene de parte de una mujer joven que había perdido cada hombre importante de su vida. Su padre murió en Vietnam; dos hermanos murieron en un accidente de aviación. Cuando llegó a los treinta años tenía tres hijos y estaba en el proceso de divorciarse de un esposo adúltero. («¡AY! ¡Esa fue la GOTA QUE REBOSÓ el vaso!» escribió ella.) Estaba lista para darse por vencida en cuanto a la vida, pero una rededicación al Señor y debido a que debía cuidar de tres hijos pequeños la motivaban para no bajar los brazos. Su carta continuaba así:

> Romanos 8.28 me ayudó a superar el divorcio. Me aferré a ese versículo como un niño se aferra a un osito de peluche. Era verdaderamente asombroso ver lo que un pequeño

versículo logró para mi atribulado corazón. Y tu declaración de que Dios nunca falla: *Nada en esta vida sucede al azar*, sino que Dios lo planifica todo... he comprobado la verdad contenida en esa pequeña porción de sabiduría.

Ahora estoy casada con un maravilloso esposo cristiano que me ama. En su matrimonio anterior pasó por lo mismo que yo. Dios nos juntó y ha creado un lazo de amor que no se puede romper.

Supongo que mi vida actual parece bastante rosa. Mayormente lo es, pero he tenido dificultad con la «palabra P»: *perdón*. Me da mucha rabia lo que me hizo mi primer esposo. He hablado del asunto con personas de la iglesia y he orado al respecto. Pensé que lo había perdonado de verdad, sin embargo sigo teniendo sentimientos rencorosos y faltos de amor hacia él.

Tus libros me están abriendo los ojos de un modo que ningún otro ha hecho. Me estoy dando cuenta de que para disfrutar a plenitud las bendiciones actuales, tengo que dejar el pasado atrás... He aprendido en mi vida que las pruebas son regalos maravillosos del Señor. Nos moldean, nos fortalecen y crecemos hasta convertirnos en el individuo que el Señor desea que seamos. Algunos tenemos el simple destino de ser sobrevivientes y lo acepto... Gracias por el aliento, el amor, la convicción y, lo más importante, la risa.

Una de mis cartas preferidas vino de una mamá que me dijo que *Ponte una flor* la había alentado a modificar su actitud. Expresó: «No quiero enfermarme de "endurecimiento de las actitudes" a través de falta de perdón, amargura o cualquier otra causa... Me haré el firme propósito de tratar de encontrar más humor, dar más de mí a otros y entregar todo a Dios en oración. He sido bendecida abundantemente y SÉ que Dios tiene preparado un futuro de esperanza, no de calamidades, para cada uno de nosotros».

Sí, es verdad que podemos pedir respuestas, pero Dios no siempre las suple. Pero lo que cuenta es CÓMO reaccionamos antes nuestros problemas, no el que tengamos soluciones perfectas. Es por eso que Jesús nos dijo que sigamos pidiendo, buscando y llamando: «Porque todo el que pide, recibe; el que busca, encuentra; y al que llama, se le abrirá la puerta».[3] Y

Señor... hazme pronto en perdonar y aún más en pedir perdón...

¡Perdona, Señor, mis faltas ocultas! (Salmo 19.12, Versión Popular.)

©«Sonshine Promises» creado por Gretchen Clasby, Cedar Hill Studio. Usado con permiso.

durante todo el tiempo que pidamos, busquemos y llamemos, recordemos que *todas las cosas* (el dolor, los problemas, las frustraciones e incluso los pozos depresivos de la vida) ayudan a bien para los que aman a Dios y desean formar parte de sus planes.

Es posible que carezcamos de respuestas indefinidamente, pero aun así podemos regocijarnos. ¡Podemos tener esperanza y hasta reír por saber que la LUZ de Dios siempre es suficiente!

La siguiente carta, escrita por una muchacha de veintidós años, es una de las más alentadoras que haya recibido jamás. Ella mencionó haber leído *Tristezas* y haberse enterado de la cantidad de cartas que recibo de padres que cuentan de la aguda desilusión sufrida debido a un hijo rebelde. A continuación dijo:

Deseo animar a esos padres a: ¡¡¡¡ORAR, ORAR, ORAR Y ORAR OTRO POCO!!!! Yo era una de esas hijas rebeldes, pero he encontrado mi camino hacia el Señor. ¡Mis padres son poderosos guerreros de oración! ¡¡¡Sé sin lugar a dudas que fueron sus oraciones las que me hicieron poner de rodillas dispuesta a arrepentirme!!!

Era una alcohólica, una fumadora, había empezado a consumir drogas y era sexualmente activa durante toda la secundaria. Pensé que sabía todo. Me involucré con un grupo de gente que «no conviene» y era muy mala y controladora. Un día, mientras mi padre protestaba con pancartas frente a una clínica de abortos, entré marchando a la clínica con mi nariz en el aire y maté a su nieto.

¿Me perdonaron ellos? ¡¡Con la gracia de Dios, sí, lo hicieron!! Mediante consejería cristiana y muchas lágrimas hemos restaurado nuestra relación. Me he mantenido sobria y limpia durante dos años, enseño en la Escuela Dominical y cuento mi testimonio siempre que puedo. Disfruto de estar con mis padres; cuando estamos juntos nos reímos muchísimo. Ahora estoy casada con un hombre increíble que ama a Dios y es perdonador, el cual conoce mi pasado y aun así me ama.

Sé que hubo días en los que mis padres sintieron que sus oraciones no eran escuchadas, mucho menos respondidas, pero siguieron orando y confiando en Cristo. En *SU* tiempo perfecto, me entregué a Cristo y empecé a avanzar cuesta arriba hacia la restauración y la sanidad. Habrá días en que el oscuro túnel se extenderá a lo largo de muchos kilómetros, pero sólo recuerdo esto: ¡Hay luz al llegar al final, la luz de Dios!

Espero que las palabras de esta jovencita te animen tanto como a mí. Ella es un producto de la gracia de Dios, la cual siempre está obrando a pesar de cuánto puedan oscurecerse las cosas. El temor hace que sigamos cojeando en la oscuridad, pero la gracia nos hace caminar en la luz. Recuerda esto:

DIOS NO HA PROMETIDO DARNOS TODAS
LAS RESPUESTAS,
PERO NOS HA PROMETIDO SU GRACIA.

Hace poco escuché un sermón acerca de la promesa conocida de Jesús: «Permaneced en mí, y yo en vosotros».[4] Me di cuenta de que las palabras del Señor me permiten decir en cada circunstancia: «En *ESTO* necesito a Jesús». Y siempre escucho su respuesta: «*No te preocupes... en ESTO tú me tienes a MÍ*».

Pues verás, Él está con nosotros tanto en la oscuridad como en la luz. Cuando confiamos en ÉL, las oscuras nubes de problemas son sólo la sombra de SUS ALAS, y podemos orar:

Este es tu día

¡hazlo una obra maestra!

Ilustración de «Suzy's Zoo» ©'86 Suzy Spafford. Usado con permiso.

SEÑOR,
NO LOGRO COMPRENDER
QUÉ COSA ES
LO QUE ESTÁS HACIENDO EN MI VIDA,

y su respuesta me llega así:

MI HIJO,
NO INTENTES COMPRENDER.
SIMPLEMENTE VÍVELA
PARA MÍ.

Ruth Harms Calkin[5]

Referencias

Introducción ¿Que busque qué...?

1. «Mamá, ¡busca el martillo! ¡Hay una mosca en la cabeza de papá!», de Frank Davis y Walter Bishop. Copyright ©1961 por Southern Music Publishing Co., Inc. Copyright renovado. Se reservan todos los derechos. Usado con permiso. Copyright internacional renovado.

2. A la carta de esta dama se hizo mención originalmente en el libro de Bárbara Johnson, *Ponte una flor en el pelo y sé feliz*, Casa Bautista de Publicaciones, El Paso, TX (p. 56 del original en inglés).

3. Dave Barry con Roger Yespen, ed., *Babies and Other Hazards of Sex* [Bebés y otros peligros del sexo], Emmaus, Rodale, PA, 1984.

Capítulo 1   La cabeza piensa, las manos trabajan, pero el corazón es el que ríe

1. El libro se llama *Ponte una flor en el pelo y sé feliz*. A menudo lo llamamos simplemente *Ponte una flor*.

2. Impreso en la carta circular mensual publicada por Westcoast Printing, 2383 S. Tamiami Trail, Venice, FL 34293.

3. Véase la *Mayo Clinic Health Letter* [Carta de salud de la Clínica Mayo], marzo de 1993, la cual hace referencia a un artículo que apareciera en *The Journal of the American Medical Association*, 1º de abril de 1992.

4. Annette Goodheart, Ph.D., «Laughter, Your Way to Health» [La risa su camino hacia la salud], video producido

por Goodheart, Inc., P.O. Box 40297, Santa Barbara, CA 93140.

5. Víctor Borge, según cita de la *Carta de salud de la Clínica Mayo*, marzo de 1993.

6. Véase Santiago 1.12, NVI.

7. Adaptado de un artículo del periódico *Toronto Sun*, 26 de julio de 1977.

8. Gertrude Mayhew, *Reminisce* [Reminiscencia], noviembre/diciembre de 1992, p. 59.

9. Estos letrero autoadhesivo de parachoques se incluyen como cortesía de Stan Grams, editor de *The Mountain Ear* [El oído de la montaña], el boletín del Rotary Club de Gatlinburg, Tennessee.

10. Gracias a Roger Shouse, pastor de Greenwood Church of Christ, Greenwood, IN.

11. Obtenido del catálogo de *Remarkable Things* [Cosas extraordinarias], Long Beach, California. Usado con permiso.

12. Gracias a la escritora independiente Sherrie Weaver de Denver, CO, por el permiso para usar sus *Updated Witticisms* [Humoradas actualizadas].

13. Avis P. Agin, «A Few Lighthearted Sayings That Have the Ring of Truth» [Unos pocos dichos alegres que suenan a verdad], *Arizona Senior World*, fecha desconocida.

14. *Ibid.*

15. Adaptado de una columna del Dr. Peter Gott, de la Newspaper Enterprise Association. Usado con permiso del Dr. Gott.

16. La versión de *La Biblia al día* de Proverbios 15.15 está levemente parafraseada en el género femenino.

Capítulo 2 Algunos días eres paloma, otros días eres estatua

1. 2 Corintios 4.8-9, NIV.

2. Catherine Feste, *The Physician Within: Taking Charge of Your Well-Being* [El médico interior: Cómo hacerte cargo de tu bienestar], Diabetes Center, Inc., Minneapolis, 1987, p. 88.

3. Véase Efesios 6.11-18.

4. Esta historia fue usada en un sermón por el Dr. William R. McElwee de la Haddonfield, New Jersey, United Methodist Church. Usado aquí con permiso.

5. Pat Hanson, ed., «Pat Prints», Chippewa Falls, Wisconsin, 1993.

6. Gracias a la escritora independiente Sherri Weaver de Denver, CO, por el permiso de usar su «Dicho actualizado».

7. Isaías 49.16, parafraseado.

Capítulo 3 Sé que un poco de sufrimiento es bueno para el alma, ¡pero alguien debe estar tratando de convertirme en santo!

1. Véase, por ejemplo, 2 Samuel 12.15-23 y 18.32-33.

2. Juan 11.17-35.

3. Lucas 19.41-44.

4. William Shakespeare, *The Third Part of King Henry VI* [La tercera parte del rey Enrique VI].

5. Alfred, Lord Tennyson, *The Princess* [La princesa], Canto VI, «Home They Brought Her Warrior» [A casa trajeron su guerrero], estrofa 1.

6. Véase Bárbara Johnson, *Ponte una flor en el pelo y sé feliz*, capítulo 3, Casa Bautista de Publicaciones, El Paso TX. *Salpícame de gozo en los pozos ciegos de la vida*, Editorial Betania, Miami, FL, 1994, capítulo 3.

7. Para un relato de mi casi suicidio, véase *Ponte una flor en el pelo y sé feliz* (pp. 47-48 del original en inglés). *Salpícame de gozo en los pozos ciegos de la vida*, pp. 66-70.

8. Como los grupos de apoyo son tan importantes, son tratados más detalladamente en el capítulo 5.

9. En *Salpícame de gozo en los pozos ciegos de la vida* describo cómo paseo en mi bicicleta de gimnasia en mi cuarto de gozo, una parte de mi casa móvil que está repleta de recuerdos y regalos divertidos. Al pasear tengo frente a mí un gran mapa de los Estados Unidos, y hago viajes imaginarios a amigos de Espátula que me han escrito.

10. Esta es una frase parafraseada de la canción de Audrey Meier: «He Washed My Eyes with Tears» [Él lavó mis ojos con lágrimas], publicado por Manna Music.

Capítulo 4   Ayer es experiencia... mañana es esperanza... hoy es pasar de una a otra...

1. Ruth Harms Calkin, *Lord, You Love to Say Yes* [Señor a ti te agrada decir que sí] , David C. Cook Publishing Co., Elgin, IL, 1976, p. 105. Usado con permiso.

2. Proverbios 11.25, Biblia de las Américas, parafraseado.

3. Esta idea se le atribuye al escritor de obras de teatro romano Terence (Publius Terentius Afer).

4. «Hope Is the Thing with Feathers» [La esperanza es una cosa emplumada], en *The Complete Poems of Emily Dickinson* [Las poesías completas de Emily Dickinson], Little, Brown and Co., n.d., NY, p. 116. Usado con permiso.

Capítulo 5   Echa tu pan sobre las aguas y con el tiempo hallarás pretzel

1. Eclesiastés 4.10, RVR.

2. Véase Lucas 15.17 NVI.

3. Dick Innes, *Servant* [Siervo], un ministerio de Prairie Bible Institute, nov./dic. 1993, p. 11. Usado con permiso.

4. Eclesiastés 4.12, Biblia de las Américas.

5. Helen Steiner Rice, «The Gift of Friendship» [El don de la amistad], *Gifts from the Heart* [Regalos del corazón], Fleming H. Revell, Old Tappan, 1981, p. 38. Usado con permiso.

6. Agin, *Arizona Senior World*.

Capítulo 6   Si mañana se cae el cielo, desayunas nubes

1. Números 32.23.

2. Véase Romanos 12.3 y Filipenses 2.3 NVI.

3. Patsy Clairmont, *Normal Is Just a Setting on Your Dryer*

[Normal es sólo una selección de tu secadora], Focus on the Family, Colorado Springs, CO, 1993.

4. Contribución de Evelyn Heinz. Usado con permiso.

Capítulo 7 La vida es un gran lienzo... échale toda la pintura que puedas

1. Para conseguir más ideas acerca de cómo celebrar la vida, véase Alexandra Stoddard, *Living a Beautiful Life* [Cómo vivir una vida bella], Random House, NY, 1986.

Capítulo 8 Resoluciones para todo el año: Espera lo mejor, prepárate para lo peor, y acepta lo que venga con una sonrisa

1. Adaptado de la «Oración por serenidad» de Reinhold Niebuhr.

2. Joel Goodman, citado en el *Hudson Valley (NY) Sunday Record*, 27 de marzo de 1988, p. 102.

3. Dr. James Read, «Health Care Providers Turn to Humor» [Proveedores de la salud recurren al humor], *The Free China Journal*, 23 de febrero de 1989.

4. Louisa Fletcher, «The Land of Beginning Again» [La tierra del nuevo comienzo], *Best Loved Poems* [Poesías preferidas], Doubleday, Garden City, NY, 1936.

5. Proverbios 11.25, parafraseado.

6. Norma Wiltse, Allegheny, NY. Usado con permiso.

7. Adaptado de Adair Lara, «Conspiracy of Kindness» [Conspiración de bondad], *Glamour*, diciembre de 1991, p. 86.

8. Franklin P. Jones, citado por Dr. Laurence J. Peter en *Peter's Quotations* [Las citas de Peter], William Morrow & Co., NY, 1977, p. 102.

9. Edward Whiting, *Sunshine Magazined*, n.d.

Conclusión La vida no es un paseo en góndola... pero, ¿qué importancia tiene?

1. Véase Johnson, *Ponte una flor en el pelo y sé feliz* (p. 52 del original en inglés).

2. También conté la historia del faro en *Fresh Elastic for Stretch-ed-Out Moms* [Elástico nuevo para mamás estiradas], Revell, Grand Rapids, MI, 1986, p. 52.

3. Véase Mateo 7.7-8, NVI.

4. Juan 15.4, RVR.

5. Ruth Harms Calkin, *Lord, It Keeps Happening and Happening* [Señor, sigue sucediendo una vez tras otra], Tyndale House, Living Books, Wheaton, 1984, p. 100. Usado con permiso.